envies créatives
les loisirs faciles

Les POMPONS

Des créations faciles à réaliser sans modération !

- déco
- customisation
- bijoux...

les éditions de saxe

Sommaire

Découvrez les pompons revisités ou la manière d'utiliser des restes de laine, de fil de coton et des chutes de tissu dans un esprit à la fois ludique et créatif. Chacune d'entre vous, dans une démarche récup', a conservé des quantités de petites choses qui seront bien utiles pour réaliser de jolis pompons. Les créatrices de ces petites boules ventrues et ébouriffées ont imaginé des mises en scène autour des pompons : ambiances girly, gypsie ou plus cocoon. À la recherche de l'insolite, en mariant différentes matières comme le tulle et le fil de coton ou le tissu et la laine, nos « pomponeuses » vous donneront envie d'inventer et de créer vos propres modèles.

Fournitures générales

Appareils mécaniques à pompons :
n° 115, n° 85, n° 65, n° 45, n° 25
Restes de laines
Chutes de tissus
Ciseaux cranteurs
Ciseaux à bout pointu
Mètre-ruban
Crayon à papier
Épingles de couture à grosse tête

PAS à PAS POMPONS

Pom-Pom Maker de Clover

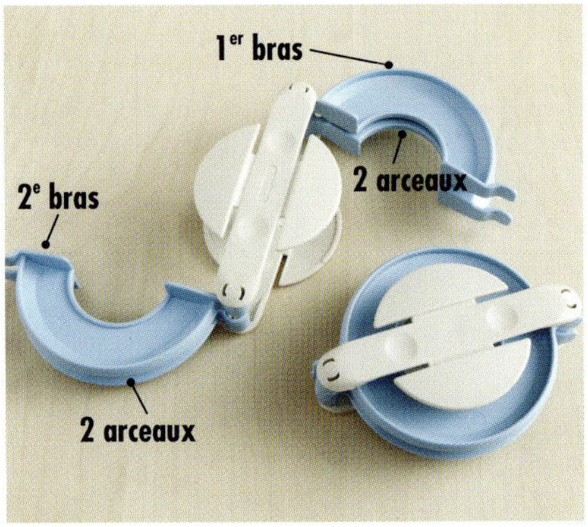

1 L'appareil à pompons est composé de 2 bras, chacun doté de 2 arceaux.

2 Deux disques amovibles constituent l'appareil à pompons. L'un des disques comporte une tige métallique qui s'emboîte dans la cavité correspondante de l'autre disque.

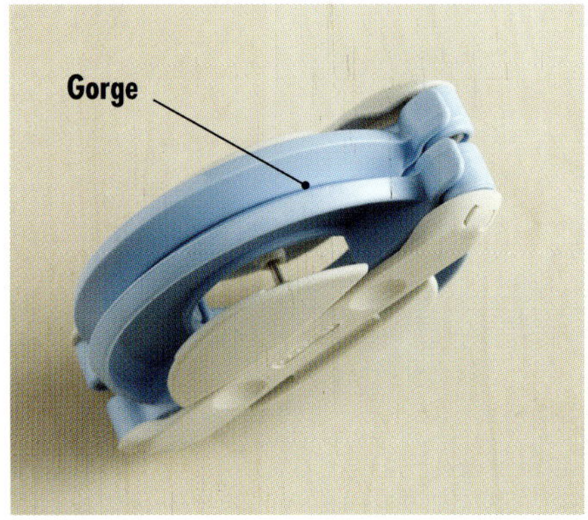

3 Lorsque l'appareil est fermé, une gorge apparaît entre les 2 arceaux.

4 Avant de commencer, nouez le fil autour d'une des extrémités d'un bras, après avoir bien aligné les 2 arceaux.

5 Enroulez le fil autour du bras, de gauche à droite. Un 1er passage (ou 1re couche) est réalisé. Retournez l'appareil, le fil se trouve à gauche et faites un 2e passage (ou 2e couche) pour revenir au début. Coupez le fil et, avec 1 aiguille à laine, cachez-le dans les brins et repliez le bras.

6 Faites le même travail sur l'autre bras puis repliez-le.

7 Avec les ciseaux pointus, coupez les fils le long de la gorge.

Note : faites attention de ne pas ouvrir les bras.

8 Après avoir coupé les fils des 2 bras, passez 1 fil dans la gorge pour serrer le pompon, appelé fil de serrage.

9 Serrez le fil et faites 1 double nœud.

10 Ouvrez les bras de l'appareil et enlevez l'un des disques.

11 Dégagez le pompon du 2e disque. Ébouriffez-le et, si nécessaire, égalisez les fils avec les ciseaux. Pour les pompons en tulle ou en tissu, crantez les extrémités pour qu'ils soient plus jolis.

Le mobile Attrape-rêves

FOURNITURES (pour les 6 modèles)

Laine dans les coloris suivants : 3 pelotes grises, 2 pelotes roses et 2 pelotes prune
Appareils à pompons n° 25, n° 45 et n° 85
0,3 x 300 cm de biais crème
Longue aiguille à coudre
Coussin carré de 30 x 30 cm
Abat-jour de 20 cm de diamètre à la base
5 brochettes en bois
Vide-poche en tissu assorti
Cercle en bois, type anse de sac ou tambour à broder de 20 cm de diamètre
Fil de pêche
Colle pour tissu
Motif « colombe » en bois

RÉALISATION

Note : pour la réalisation des pompons, **voir p. 4.**

Enduisez de colle le cercle en bois, puis enroulez le biais autour.

Les pompons

Avec l'appareil n° 45, réalisez des pompons moyens dans les coloris suivants : 4 prune, 4 gris et 2 roses.
Avec l'appareil n° 85, réalisez 1 gros pompon rose.

FINITIONS

Fixez tout autour du cercle et à intervalles réguliers 2 pompons de chaque couleur **(voir schéma).**
Passez le fil de pêche autour du cercle en constituant un maillage. **Note :** tous les fils se croisent au centre.
Fixez 1 fil de pêche de 35 cm de long et suspendez 2 pompons moyens : 1 gris et 1 prune. À l'extrémité du pompon prune, fixez le motif « colombe ».
Au centre du cercle, fixez 1 pompon moyen gris et le gros pompon rose.
Avec le fil de nylon, formez une attache de suspension de 35 cm et fixez-la au centre du mobile. ✤

Disposition des pompons sur le cercle

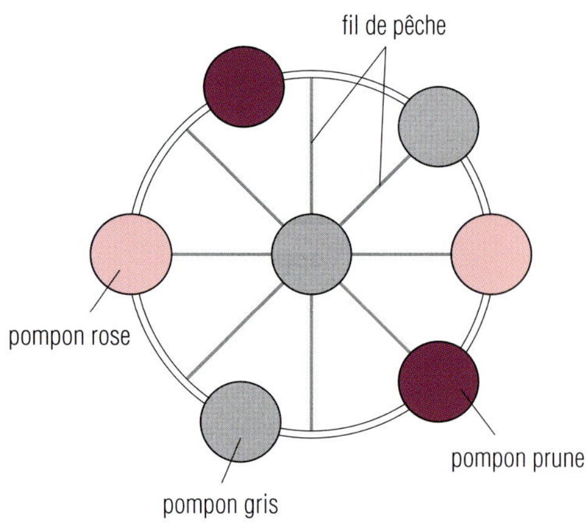

CHAMBRE STYLE GIRLY

Créations :
SYLVIE TONNELIER

L'abat-jour

Note : pour la réalisation des pompons, **voir p. 4.**

Les pompons

Avec l'appareil n° 25, réalisez 2 pompons roses, 2 pompons gris et 2 pompons prune.

FINITIONS

Avec la colle pour tissu, fixez à intervalles réguliers les pompons sur la base de l'abat-jour en alternant les couleurs. ✤

Le porte-message

RÉALISATION

Note : pour la réalisation des pompons, **voir p. 4.**

Le pompon

Avec l'appareil n° 85, réalisez un gros pompon gris comme précédemment.

FINITIONS

Coupez le fil de serrage au ras du nœud. ✤

Le vide-poche

RÉALISATION

Note : pour la réalisation des pompons, **voir p. 4.**

Les pompons

Avec l'appareil n° 45, réalisez 1 pompon rose, 1 pompon gris et 1 pompon prune.

FINITIONS

Fixez les 3 pompons sur le vide-poche, en passant l'aiguille à coudre dans les 2 épaisseurs du vide-poche. ✤

Le coussin

RÉALISATION

Note : pour la réalisation des pompons, **voir p. 4.**

Les pompons

Avec l'appareil n° 45, réalisez les pompons comme suit : sur chacun des bras, enroulez le fil et faites 4 passages. Terminez les pompons. Réalisez 5 pompons roses, 1 pompon gris et 1 pompon prune.

FINITIONS

Fixez 1 pompon de chaque couleur au centre du coussin en passant l'aiguille à coudre dans les 2 épaisseurs du coussin.

Cousez 1 pompon rose à chaque angle du coussin. ✤

Le bouquet

RÉALISATION

Note : pour la réalisation des pompons, **voir p. 4.**

Les pompons

Avec l'appareil n° 45, réalisez 2 pompons prune, 1 pompon gris et 1 pompon rose.

Avec l'appareil n° 25, réalisez 1 pompon prune.

FINITIONS

Enduisez de colle l'extrémité des brochettes en bois et piquez 1 pompon sur chacune d'elles. ✤

Le collier

FOURNITURES (pour les 4 modèles)
Fil de soie d'Alger bleu clair
Appareil à pompons n° 25
1 x 30 cm de ruban en dentelle
Chaîne pour collier
Anneau
Attaches de boucles d'oreilles
Épingle à broche
Fermoir pour bracelet

RÉALISATION
Note : pour la réalisation des pompons, **voir p. 4.**

Les pompons

Avec l'appareil n° 25, réalisez 2 pompons et fixez-les sur l'anneau.

FINITIONS
Nouez 10 cm de ruban en dentelle sur l'anneau.
Fixez la chaîne sur l'anneau par 1 nœud d'alouette, **voir p. 29.** ✤

Le bracelet

RÉALISATION
Note : pour la réalisation du pompon, **voir p. 4.**

Le pompon

Avec l'appareil n° 25, réalisez 1 pompon.

FINITIONS
Fixez le pompon au milieu du ruban en dentelle.
Cousez chaque partie du fermoir aux extrémités. ✤

La broche

RÉALISATION
Note : pour la réalisation du pompon, **voir p. 4.**

Le pompon

Avec l'appareil n° 25, réalisez 1 pompon et fixez-le sur l'épingle à broche.

FINITIONS
Cousez 6 cm de ruban en dentelle sur l'épingle à broche. ✤

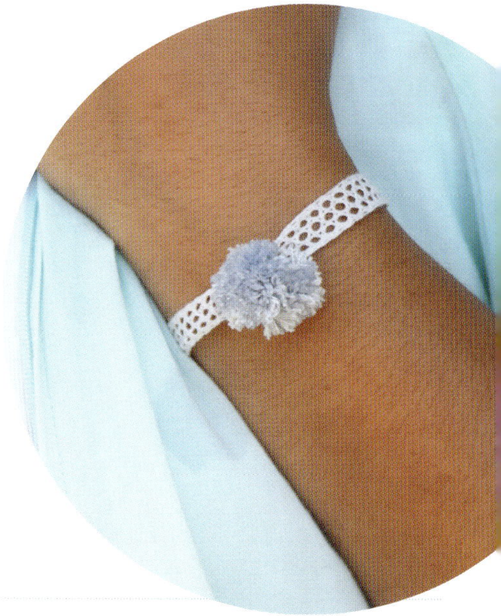

Les boucles d'oreilles

RÉALISATION
Note : pour la réalisation des pompons, **voir p 4.**

Les pompons

Avec l'appareil n° 25, réalisez 2 pompons.

FINITIONS
Fixez chacun d'entre eux sur 1 attache de boucle d'oreille. ✤

BIJOUX SOYEUX

Créations :
SYLVIE TONNELIER

Les fleurs déco

FOURNITURES (pour les 3 modèles)

Appareils à pompons de différents diamètres : n° 25, n° 35, n° 45 et n° 65

Laine de différentes qualités : 1 pelote de laine mohair dans les coloris suivants : chantilly, miel, orange, eucalyptus, noir ; 1 pelote de laine classique de grosseur moyenne (cœurs des fleurs) dans les coloris suivants : canard, blanc, pavot ; 1 pelote de laine classique de grosse épaisseur, coloris souris

Aiguilles à tricoter n° 8

Fil à coudre gris

Breloques argentées avec anneaux : plumes, fer à cheval, étoile, perles, etc.

Perles argentées

Fermoir de collier

Brindilles de bois

Colle pour tissu

La technique de base

Faites 4 passages par couleur sur les appareils à pompons.

Après avoir enroulé la laine 4 fois sur les 2 bras de l'appareil, coupez la laine. Passez 1 fil à coudre double dans la gorge de l'appareil et nouez-le fermement. Prenez un brin de laine d'environ 30 cm et nouez-le par-dessus le fil à coudre. Enlevez les 2 parties de l'appareil et former le pompon en égalisant les fils.

Les pompons

Notes : pour obtenir le cœur et les différentes couleurs de pétales, travaillez par couches. Sur le schéma, les différentes couleurs sont signalées par les lettres A, B, C ou D.

Avec l'appareil n° 65, réalisez le cœur avec la laine classique de grosseur moyenne. Nouez le fil au centre d'un des bras de l'appareil. Réalisez une 1re couche de 1 cm de large, puis 4 autres couches. Pour les étamines, nouez 1 fil (qualité mohair) à droite du cœur et réalisez 1 couche de 0,5 cm de large, puis 4 autres passages. Procédez de la même façon à gauche de la bande « cœur ». Vous obtenez ainsi 3 bandes de couleurs distinctes. Pour la 1re rangée de pétales, enroulez la laine vaporeuse sur le bras de l'appareil en faisant 4 couches. Sur l'autre bras de l'appareil, enroulez le fil vaporeux en réalisant 4 couches.

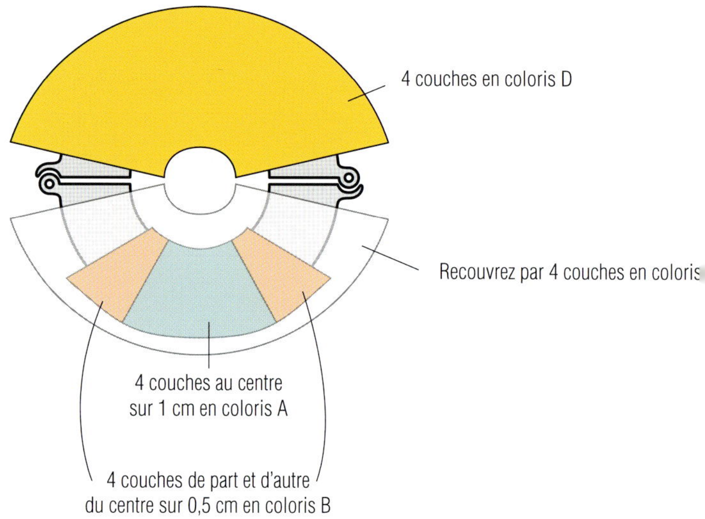

FINITIONS

Avant de dégager les pompons de l'appareil, coupez les 2 extrémités du fil de serrage à 20 cm du nœud, elles serviront à fixer les pompons sur les brindilles. Enduisez de colle la partie supérieure des brindilles et piquez l'extrémité de chacune d'elles dans 1 pompon. Un peu plus bas, enroulez des fils de différentes couleurs et attachez une petite breloque.

Note : les fils enroulés doivent correspondre à ceux composant les pompons. ✤

INSPIRATION NAVAJO

Créations :
KARINE THIBOULT

L'écharpe multicolore

Base de l'écharpe

Avec les aiguilles à tricoter n° 8, montez 5 mailles et tricotez 170 cm au point mousse.

Les pompons

Note : pour la réalisation des pompons, **voir p. 4.**

Unis, chinés, multicolores ou à pois, les pompons sont réalisés avec les appareils n° 35, n° 45 et n° 65. Confectionnez 33 pompons.

Avec l'appareil n° 65, réalisez 17 pompons.

Avec l'appareil n° 45, réalisez 10 pompons.

Avec l'appareil n° 35, réalisez 6 pompons.

Les pompons unis

Attachez 1 fil mohair sur l'un des bras de l'appareil et enroulez-le en réalisant 4 couches. Faites le même travail sur le 2e bras de l'appareil, puis terminez les pompons.

Les pompons rayés

En mohair, prenez 1 fil chantilly, 1 fil miel, 1 fil orange et 1 fil eucalyptus. Nouez-les ensemble, puis enroulez-les de manière identique sur chacun des bras de l'appareil en réalisant 4 couches. Terminez les pompons.

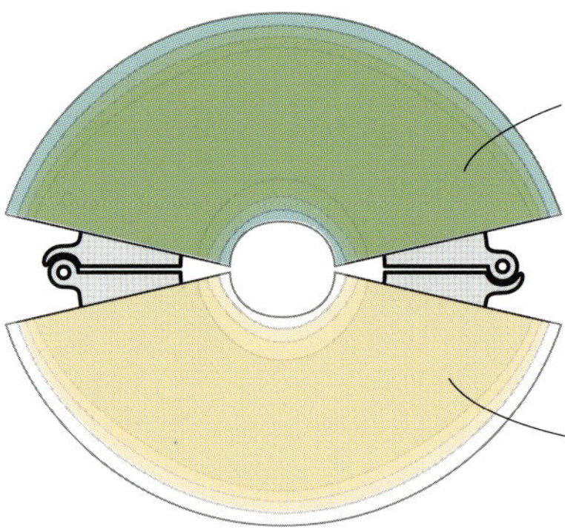

Les pompons à pois

Sur l'un des bras de l'appareil, nouez le fil noir au centre. Faites une 1re couche de 0,5 cm de large. Continuez en enroulant encore le fil miel de part et d'autre du fil noir central en laissant 1 espace de 1 cm entre chaque séquence. Sur l'autre bras de l'appareil, enroulez le fil noir puis le fil miel en suivant le schéma.

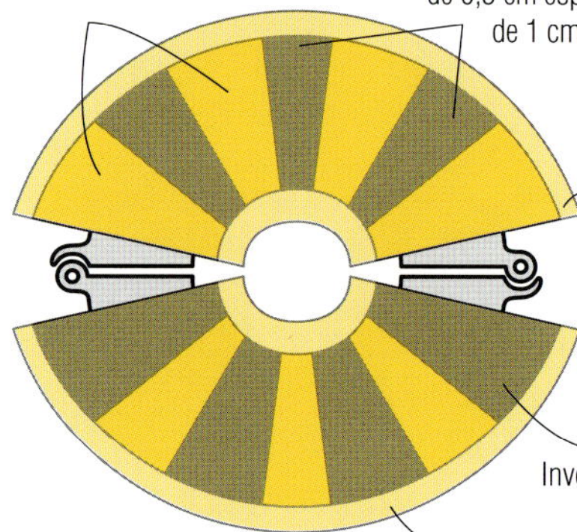

Les pompons à 4 couleurs

Sur chacun des bras de l'appareil, enroulez un fil d'une couleur jusqu'au centre et réalisez 4 couches. Complétez la 2e partie du bras avec une 2e couleur et travaillez comme précédemment. Terminez les pompons.

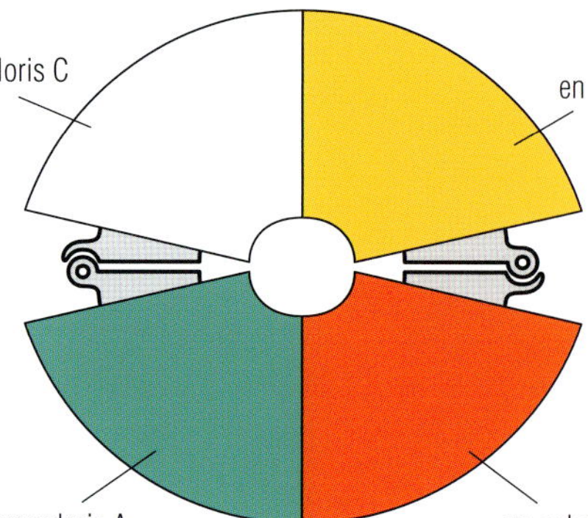

Les pompons chinés

Prenez 2 fils mohair de couleurs contrastées, chantilly/gris ou chantilly/orange, nouez-les ensemble et, sur l'un des bras de l'appareil, enroulez-les en réalisant 4 couches.

Avec les mêmes fils, faites un travail identique sur l'autre bras de l'appareil, puis terminez les pompons.

FINITIONS
Cousez chaque extrémité de l'écharpe sur 2 cm environ et fixez 1 pompon. Continuez en fixant les pompons les uns à la suite des autres sur l'écharpe au gré de votre inspiration. ✤

Le collier ethnique

RÉALISATION
Avec l'appareil n° 45, réalisez un pompon rayé avec le fil mohair comme suit : Sur 1 bras, enroulez le fil chantilly, réalisez 1 couche avec chaque fil suivant : orange, miel et bleu canard. Sur le 2e bras, enroulez les fils en inversant les couleurs : bleu canard, miel, orange et chantilly. **Note :** pour ce modèle, il n'y a que 2 couches par couleur. Terminez le pompon. Les 3 mini-pompons chinés sont réalisés avec l'appareil n° 25 et en suivant les explications des pompons chinés de l'écharpe.

Les tresses

La petite tresse
Avec 3 fils mohair et 1 fil classique de 70 cm de long, nouez une extrémité et tressez-les pour obtenir une longueur de 34 cm. Nouez la 2e extrémité.

La grande tresse
Avec 3 fils mohair et 1 fil classique de 80 cm de long, nouez une extrémité et tressez-les pour obtenir une longueur de 37 cm. Nouez la 2e extrémité.

Cousez les 2 tresses ensemble en laissant 2 extrémités libres, l'une de 7 cm et l'autre de 9 cm.

Assemblez les 2 tresses en 1 point, à 7 cm d'une extrémité pour la petite et à 9 cm pour la plus grande.

Cousez le gros pompon sur la couture des 2 tresses.

à l'intersection des 2 extrémités restées libres.

Enfilez 1 perle sur chaque tresse et cousez 2 mini-pompons. Terminez en fixant le dernier mini-pompon, le fermoir et les breloques. ✤

Créations :
KARINE THIBOULT

L'arbre de fête

FOURNITURES

Restes de fils : coton, lurex, laine, etc., dans les coloris suivants : beige, gris, blanc, bleu ciel, bleu turquoise

Appareils à pompons n° 20, 25, 35, 45 et n° 115

Branches de bois sec

RÉALISATION

Les glands

Réalisez des glands de 5 cm de hauteur au gré de votre inspiration et dans les coloris de votre choix.

Au fur et à mesure de la réalisation, passez les glands sur un long fil blanc en les espaçant de 6 cm.

CONFECTIONNER UN GLAND

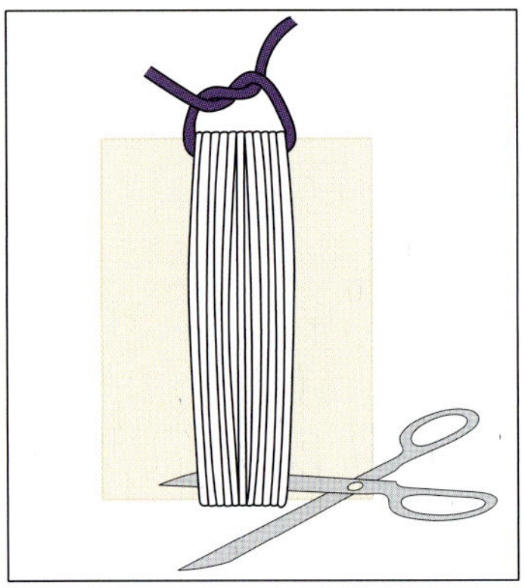

Après avoir enroulé le fil autant de fois que nécessaire autour d'un carton épais, glissez 1 fil au sommet du gland et faites un nœud. Puis égalisez les fils en coupant l'extrémité des brins avec des ciseaux.

Enfin enroulez plusieurs fois un fil au sommet du gland pour le terminer.

RÉALISATION

Les pompons

Note : pour la réalisation des pompons, voir **p. 4.**

Avec les différents appareils, réalisez les pompons avec 2 ou 3 fils de qualités différentes enroulés ensemble. Le résultat sera surprenant.

Note : avant de dégager les pompons de l'appareil, coupez les 2 extrémités du fil de serrage à 15 cm du nœud. Elles serviront à fixer les pompons sur les branches de bois sec.

FINITIONS

Accrochez les pompons sur les branches de bois sec au gré de votre inspiration. ✤

SOFT & COCOONING

Création :
CATHERINE BOUQUEREL

Le coussin cœur

FOURNITURES

Coussin en forme de cœur
Laines dans les coloris suivants : framboise, poudre, bleu ciel, grège, taupe, ardoise, mauve
Appareil à pompons n° 45

RÉALISATION

Note : pour la réalisation des pompons, **voir p. 4.**

Les pompons

Avec l'appareil n° 45, réalisez 2 pompons de chaque couleur.

FINITIONS

Cousez les pompons sur le coussin en vous inspirant de la photo. ✤

Répartition des pompons sur le coussin cœur

Je m'appelle Rose

FOURNITURES

4 lettres blanches (R, O, S, E) en bois : hauteur : 20,5 cm, largeur :13,5 cm
Restes de laine de différents coloris : framboise, poudre, bleu ciel, taupe, ardoise, mauve, blanc, rose
Appareil à pompons n° 35
Colle pour tissu

RÉALISATION

Note : pour la réalisation des pompons, **voir p 4.**

Les pompons

Avec l'appareil n° 35, réalisez 36 pompons en répartissant les coloris comme suit :

4 pompons framboise
6 pompons bleu ciel
5 pompons poudre
4 pompons taupe
4 pompons ardoise
4 pompons mauves
5 pompons roses
4 pompons blancs

FINITIONS

Avec de la colle pour tissu, fixez les pompons sur chacune des lettres en vous inspirant de la photo pour la répartition des coloris. ✤

Créations :
CATHERINE BOUQUEREL

Le coussin Rêve

FOURNITURES

Coussin rectangulaire
Appareil à pompons n° 25

RÉALISATION

Note : pour la réalisation des pompons, **voir p. 4.**

Les pompons

Avec l'appareil n° 25, réalisez 11 pompons roses pour la lettre **R,** 10 pompons blancs pour la 1re lettre **E,** 9 pompons bleu ciel pour la lettre **V** et 10 pompons poudre pour la 2e lettre **E**.

Répartition des pompons sur le coussin rêve

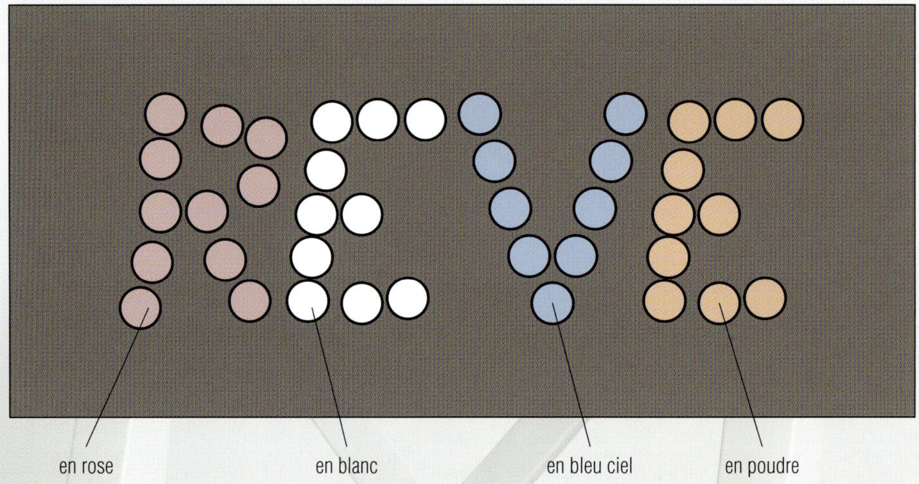

FINITIONS

Cousez les pompons sur le coussin en vous inspirant de la photo. ✤

Création :
CATHERINE BOUQUEREL

Le cintre

FOURNITURES
1 pelote dans les coloris suivants : taupe, rose, blanc, mauve, grège
Appareil à pompons n° 45
Cintre de 45 cm de long

RÉALISATION
Note : pour la réalisation des pompons, **voir p. 4.**
Les pompons chinés sont réalisés avec 2 fils enroulés ensemble.

Création :
CATHERINE BOUQUEREL

Les pompons

Avec l'appareil n° 45, réalisez les pompons comme suit :
4 pompons taupe
2 pompons chinés (1 fil rose et 1 fil taupe)
2 pompons roses
2 pompons chinés (1 fil rose et 1 fil blanc)
4 pompons blancs
2 pompons chinés (1 fil taupe et 1 fil mauve)
2 pompons mauves
2 pompons chinés (1 fil mauve et 1 fil grège)
4 pompons grèges

FINITIONS
Collez les pompons sur le cintre en vous inspirant de la photo. ✤

Le snood

FOURNITURES

Snood

1 pelote dans les coloris suivants : rose, beige, marron et écru

Appareils à pompons n° 25 et n° 35

RÉALISATION

Les pompons

Note : pour la réalisation des pompons, **voir p. 4.**

Avec l'appareil n° 25, réalisez 3 pompons dans chacun des coloris suivants : rose, beige, marron, écru.
Avec l'appareil n° 35, réalisez le même nombre de pompons dans les mêmes couleurs.

FINITIONS

Fixez les plus gros pompons au bas du snood et les plus petits sur le revers du col, en intercalant les coloris et en vous inspirant de la photo. ✤

Les longues mitaines

FOURNITURES

Mitaines

Restes de laine dans les coloris suivants : rose, beige et écru

Appareil à pompons n° 20

RÉALISATION

Les pompons

Note : pour la réalisation des pompons, **voir p. 4.**

Avec l'appareil n° 20, réalisez 2 pompons dans chacun des coloris suivants : rose, beige et écru.

FINITIONS

Sur chaque mitaine, fixez 3 pompons sur le bord en intercalant les coloris. ✤

Disposition des pompons pour les mitaines

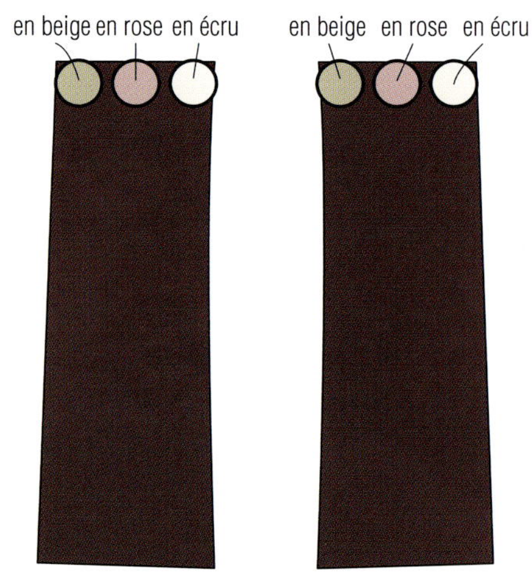

Créations :
CATHERINE BOUQUEREL

LOOK POMPONS

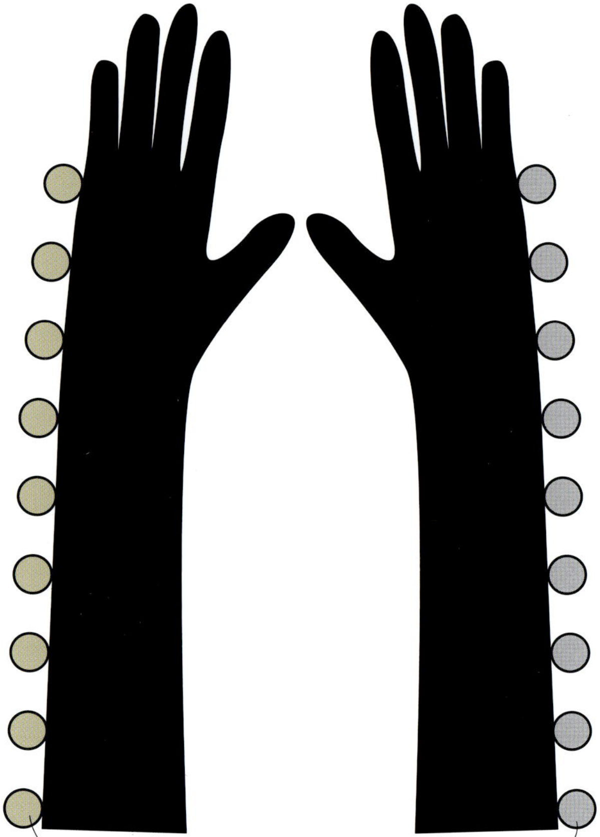

Les longs gants

FOURNITURES

Paire de gants
Restes de laine dans les coloris suivants : beige et gris
Appareil à pompons n° 20

RÉALISATION

Les pompons

Note : pour la réalisation des pompons, **voir p. 4.**

Avec l'appareil n° 20, réalisez 9 pompons beiges et 9 pompons gris.

FINITIONS

Fixez 9 pompons gris sur le côté extérieur d'un gant et 9 pompons beiges sur le côté extérieur de l'autre gant. ✤

Le bonnet

FOURNITURES

Bonnet
Reste de laine peluche coloris blanc
Appareil à pompons n° 45

RÉALISATION

Les pompons

Note : pour la réalisation des pompons, **voir p. 4.**

Avec l'appareil n° 45 et le fil peluche blanc, réalisez 2 pompons.

FINITIONS

Fixez 1 pompon de chaque côté du bonnet, au niveau des oreilles. ✤

Le plaid

FOURNITURES
Plaid écossais beige :
150 x 150 cm
Fil lurex irisé coloris écru
Fil coloris camel
Appareils à pompons n° 45
et n° 65

RÉALISATION
Notes : les pompons sont réalisés avec 2 fils enroulés ensemble.
Pour la réalisation des pompons, **voir p. 4.**

Les pompons

Avec l'appareil n° 45, réalisez 10 pompons avec 1 fil écru et 1 fil lurex irisé blanc.
Avec l'appareil n° 65, réalisez 6 pompons avec 1 fil camel et 1 fil lurex irisé blanc.

FINITIONS
Fixez les pompons sur les franges à l'une des extrémités du plaid, en vous inspirant de la photo. ✤

Création :
CATHERINE BOUQUEREL

Le serre-tête

FOURNITURES
0,3 x 280 cm de ruban fantaisie blanc
Fil lurex irisé coloris blanc
Laine dans les coloris suivants : blanc, rose clair, vieux rose
Appareil à pompons n° 25

RÉALISATION

Les pompons

Notes : les pompons sont réalisés avec 2 fils enroulés ensemble.
Pour la réalisation des pompons, **voir p. 4.**

Avec l'appareil n° 25, réalisez 4 pompons comme suit :
4 pompons (1 fil rose et 1 fil lurex irisé blanc)
2 pompons (1 fil blanc et 1 fil lurex irisé blanc)
1 pompon (1 fil vieux rose et 1 fil lurex irisé)

FINITIONS
Fixez les 4 pompons sur le ruban en vous inspirant de la photo. ✤

Création :
CATHERINE BOUQUEREL

LES POMPONS GYPSIE

Créations :
CATHERINE GUIDICELLI

Les grigris

FOURNITURES

Restes de laine de différentes couleurs
Note : *préférez des fils de laine aux fils de coton trop raides.*
Appareils à pompons : n° 35, n° 25, n° 20
Aiguille à coudre à gros chas
Chutes de tissus imprimés
Ciseaux cranteurs
Anneau de porte-clés
Mousqueton avec anneau

RÉALISATION

Le grigri à 3 pompons

Confectionnez 3 pompons unis ou multicolores de tailles différentes.

Les pompons

Note : pour la réalisation des pompons, **voir p. 4.**
Ils forment des motifs de cercles concentriques. Pour cela, vous devez superposer les épaisseurs de fils de différentes couleurs en commençant au milieu du bras de l'appareil à pompons.

Pompon rose et blanc : avec l'appareil n° 25, commencez par enrouler le fil rose au milieu de chaque bras. Effectuez plusieurs passages puis enroulez le fil blanc pour le recouvrir entièrement **(voir schéma).**

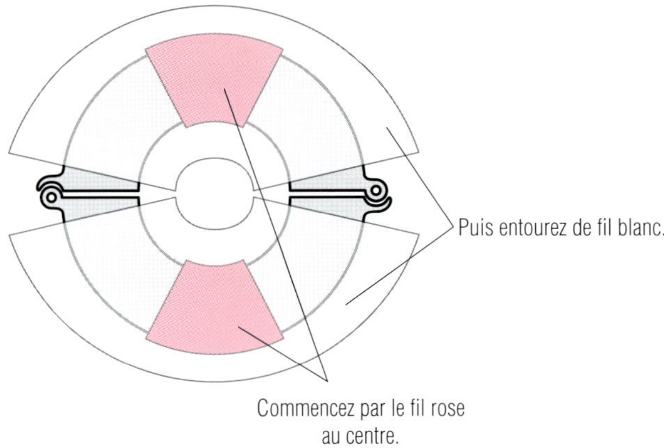

Pompon blanc, rose et bleu : avec l'appareil n° 35, sur le 1er bras : enroulez le fil blanc au milieu du bras en réalisant plusieurs passages. Continuez en enroulant le fil rose pour recouvrir entièrement le bras, excepté les extrémités. Terminez par le fil bleu pour recouvrir entièrement le fil rose. Enroulez les fils de la même manière sur le 2e bras **(voir schéma).**

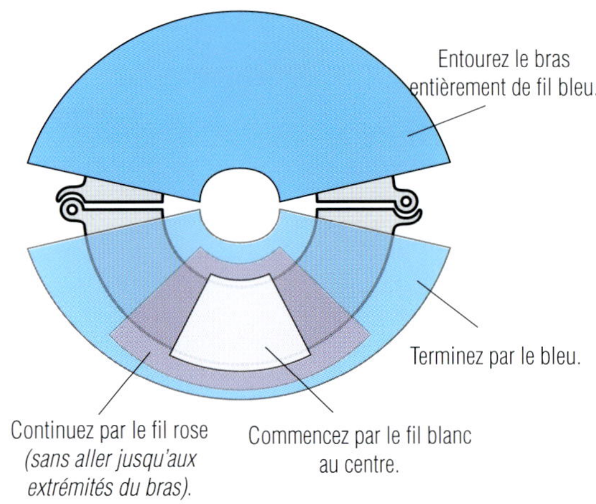

Pompon blanc, rose clair, bleu et violet : avec l'appareil n° 35, sur chacun des bras, enrouler les 4 fils en les juxtaposant. **Note :** chaque couleur recouvre un quart du bras, ainsi le pompon sera composé de 4 couleurs différentes **(voir schéma).**

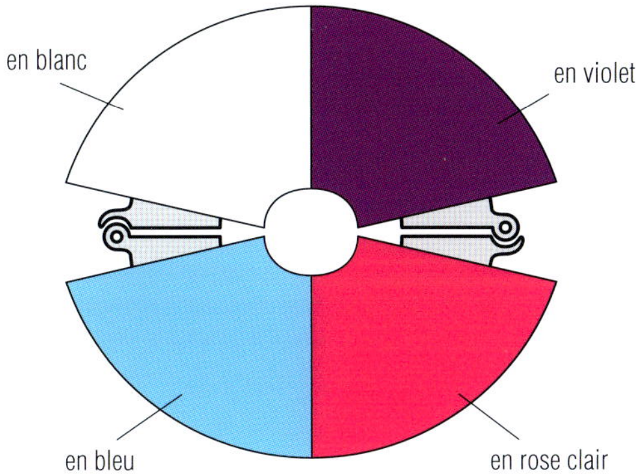

FINITIONS

Pour chaque pompon, pliez plusieurs fils de couleur en 2, nouez-les en les passant dans l'anneau du mousqueton. Puis, avec l'aiguille à coudre, passez les fils de couleur dans le pompon en le sécurisant.

Dans les chutes de tissu et avec les ciseaux cranteurs, découpez 3 bandes, d'environ 2 x 45 cm chacune. Passez-les dans l'anneau du mousqueton et réalisez un nœud d'alouette **(voir schéma).**

Note : les fils des attaches des pompons seront dissimulés.

Le grigri à 8 pompons

Note : pour la réalisation des pompons, **voir p. 4.**

Les pompons

Confectionnez 8 pompons de diamètres différents en suivant les explications et les schémas du grigri à 3 pompons.

Avec l'appareil n° 35, réalisez 2 pompons.

Avec l'appareil n° 25, réalisez 1 pompon.

Avec l'appareil n° 20, réalisez 5 pompons.

Attachez-les à l'anneau du porte-clés par des nœuds d'alouette **(voir schéma).**

Avec les ciseaux cranteurs, coupez une bande de tissu de 3 x 40 cm. Passez-la dans l'anneau du porte-clés et réalisez un nœud d'alouette. ✤

Le nœud d'alouette

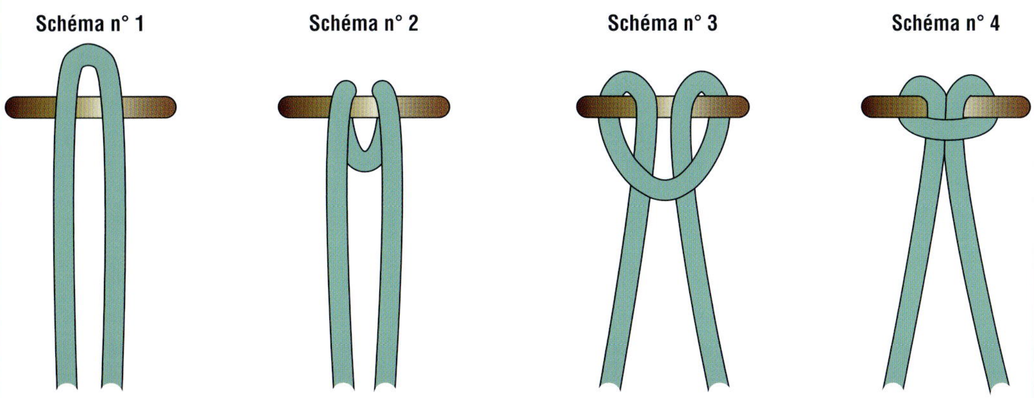

La guirlande de pompons

FOURNITURES

Chutes de tissus en coton imprimé assortis : vichy rouge à grands et petits carreaux, vichy bleu à petits carreaux, coton imprimé rose à petits motifs, coton imprimé rose à petits pois, coton imprimé beige à petites fleurs, coton imprimé bleu à fleurs, tissu Madras (Choisir des tissus légers à petits motifs et imprimés sur les deux faces.)

Tulle jaune

Intissé orange

Restes de laine bouclette rose

Restes de laine dans des coloris coordonnés

Ciseaux cranteurs

Appareils à pompons : n° 85, n° 65 et n° 45

Aiguille à coudre à gros chas

RÉALISATION

Avec les ciseaux cranteurs, découpez des bandes de tissus de 2 x 140 cm et d'autres plus petites de 2 x 30 ou 50 cm.

Les pompons

Note : pour la réalisation des pompons, **voir p. 4.**
La guirlande est composée de 2 gros pompons, 4 moyens et 1 petit.

Gros pompons : sur chaque bras de l'appareil n° 85, enroulez 560 cm de tissu, soit 4 bandes de 140 cm, puis confectionnez le pompon. Réalisez un autre pompon de même diamètre.

Pompons moyens : sur chaque bras de l'appareil n° 65, enroulez 280 cm de tissu, soit 2 bandes de 140 cm. **Note :** vous pouvez aussi enrouler de la laine bouclette en un seul passage. Réalisez 3 autres pompons de même diamètre.

Petit pompon : sur chaque bras de l'appareil n° 45, enroulez 140 cm de tissu et confectionnez le pompon.
Note : la longueur des bandes nécessaire dépend de l'épaisseur du tissu. Si les bandes de tissu sont trop courtes, découpez-en d'autres pour continuer le travail. Si vous utilisez deux tissus différents, enroulez-les en même temps pour panacher les couleurs.

Astuce : pour couper les bandes de tissu, pliez le tissu en 8 et coupez les 8 épaisseurs en même temps.
Les différents pompons sont une suggestion de présentation, vous pouvez confectionner vos propres pompons au gré de votre inspiration.

Les fanions

Dans les différents tissus, coupez des bandes de 2,5 x 58 cm.
Sur une longue aiguillée de laine et avec l'aiguille à gros chas, enfilez les différents pompons en intercalant les bandes de tissu en guise de fanions. ✤

Création :
CATHERINE GUIDICELLI

Le rideau de fenêtre

FOURNITURES

Tulle de différents coloris
Appareils à pompons : n° 65 et n° 45
Fils de couleurs assorties : coton, laine ou métallisé
Paire de ciseaux
Aiguille à coudre à gros chas
Quelques plumes

RÉALISATION

Avec les ciseaux, coupez des bandes de tulle de 2 x 140 cm.
Réalisez des pompons unis ou multicolores en mariant 2 tulles différents. Vous pouvez aussi ajouter de la laine classique, fantaisie ou un fil métallisé.

Les pompons

Note : pour la réalisation des pompons, **voir p. 4.**
Gros pompons : sur chaque bras de l'appareil n° 65, enroulez 560 cm de tissu, soit 4 bandes de 140 cm.

Pompons moyens : sur chaque bras de l'appareil n° 45, enroulez 420 cm de tissu, soit 3 bandes de 140 cm.
Si vous utilisez simultanément du tulle de différentes couleurs et du fil, enroulez-les ensemble, pour panacher les couleurs.

Astuce : comme pour la guirlande, coupez les bandes de tissu en pliant le tissu en 8 et en coupant les 8 épaisseurs en même temps.

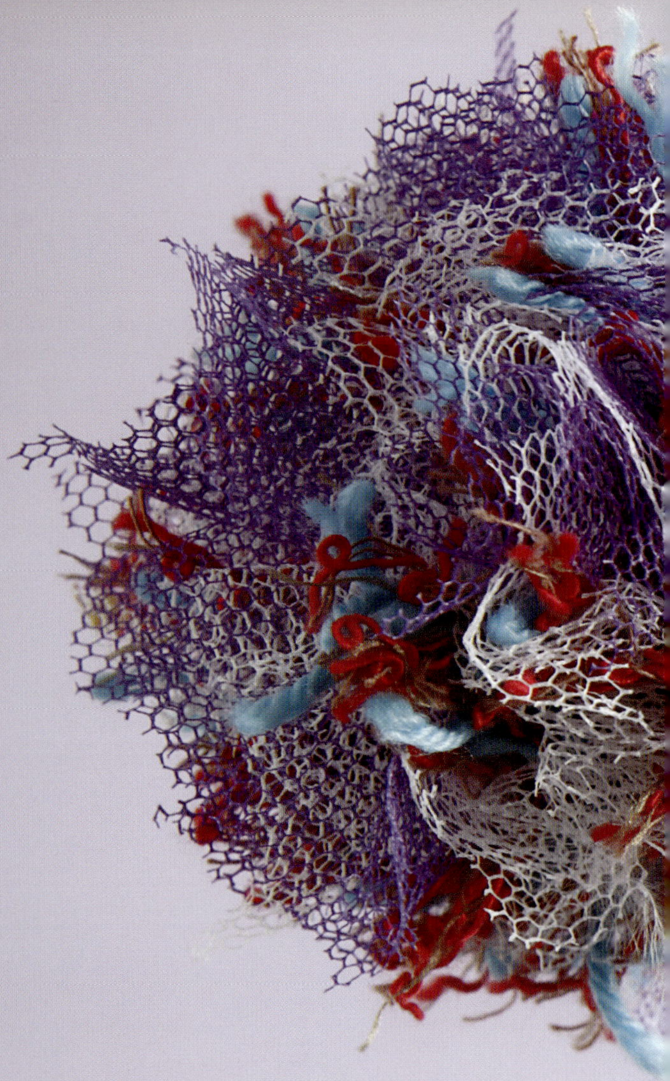

Pour suspendre les pompons, coupez une longue aiguillée de fil métallisé et avec l'aiguille à gros chas, enfilez 4 ou 5 pompons sur chaque fil, en tenant compte de la hauteur de la fenêtre et en piquant l'aiguille 2 fois dans chaque pompon pour qu'ils ne glissent pas. Espacez-les de 10 à 15 cm et attachez quelques plumes entre chacun.
Prenez un autre fil et attachez tous les fils ornés de pompons en les espaçant de 12 cm.
Fixez ce fil sur le bord supérieur de la fenêtre avec des punaises ou des petits clous. ✤

Création :
CATHERINE GUIDICELLI

La couronne de pompons

Elle est très facile à réaliser. Sur ce sampler de pompons, vous placerez tous les pompons que vous n'avez pas utilisés.

Création :
CATHERINE GUIDICELLI

FOURNITURES

Restes de laine
Chutes de tissu
Tulle
Appareils à pompons de différents diamètres
Ciseaux cranteurs
Couronne en paille de 20 cm de diamètre
Longues épingles de couture à tête ronde
Colle forte

RÉALISATION

En suivant les explications précédentes, réalisez toutes sortes de pompons unis ou multicolores, avec de la laine, du tissu ou du tulle.

Enduisez l'une des faces de la couronne de colle forte.

Placez les pompons sur la couronne, en commençant par les plus gros, puis comblez les espaces avec les pompons plus petits.

Piquez 1 longue épingle de couture au centre de chaque pompon. Appuyez fortement pour qu'elle le traverse entièrement avant de pénétrer dans la couronne.

Dans les chutes de tissu et avec les ciseaux cranteurs, coupez 3 bandes de 3 x 140 cm de long. Passez-les autour de la couronne, nouez-les ensemble, puis suspendez la couronne (**voir photo**). ✣

INNOCENCE

Créations :
GABRIELLE ACQUAVIVA

Le mobile mini-nuages

FOURNITURES

Restes de laine suffisamment épaisse pour 1 crochet n° 3, dans les coloris suivants : blanc, gris clair, gris foncé, turquoise foncé et bleu moyen
Crochet n° 3
Appareil à pompons n° 25
Ouate synthétique pour les mini-nuages
Baguette en bois de 1 x 60 cm

RÉALISATION

Les mini-nuages

1er tour : dans 1 boucle formée avec l'extrémité du fil gris foncé, crochetez 6 m. serrées. **2e tour :** crochetez 2 m. serrées dans chaque m. **3e-23e tour :** continuez en suivant le schéma. À la fin du 24e tour, insérez un peu de ouate synthétique pour le rembourrage.
25e tour : terminez l'ouvrage en crochetant les m. serrées ensemble 2 par 2. Crochetez 3 autres mini-nuages, 1 gris foncé, 1 turquoise foncé et 1 bleu moyen, de la même manière.

Les pompons

Note : pour la réalisation des pompons, **voir p. 4.**
Avec l'appareil n° 25 et la laine blanche, réalisez 8 petits pompons très denses. Coupez les fils de serrage au ras du nœud.

FINITIONS

Le mobile

Coupez la baguette en 2 parties égales.
Enroulez la laine blanche autour de chaque baguette.
Positionnez les baguettes en croix et maintenez-les en place par le milieu, avec un morceau de laine de coloris différent.
Faites un double nœud pour sécuriser le fil.
À chaque extrémité de la croix, nouez 50 cm de laine blanche et rassemblez-les pour réaliser l'attache ; formez une boucle avec les extrémités des fils et maintenez-les avec un peu de laine.

Sur la partie rectiligne de chaque mini-nuage, fixez 2 pompons, l'un avec 1 fil de 7 cm et l'autre avec 1 fil de 5 cm.
Suspendez chaque mini-nuage au mobile avec 1 fil de 13 cm. ✤

mini-nuage

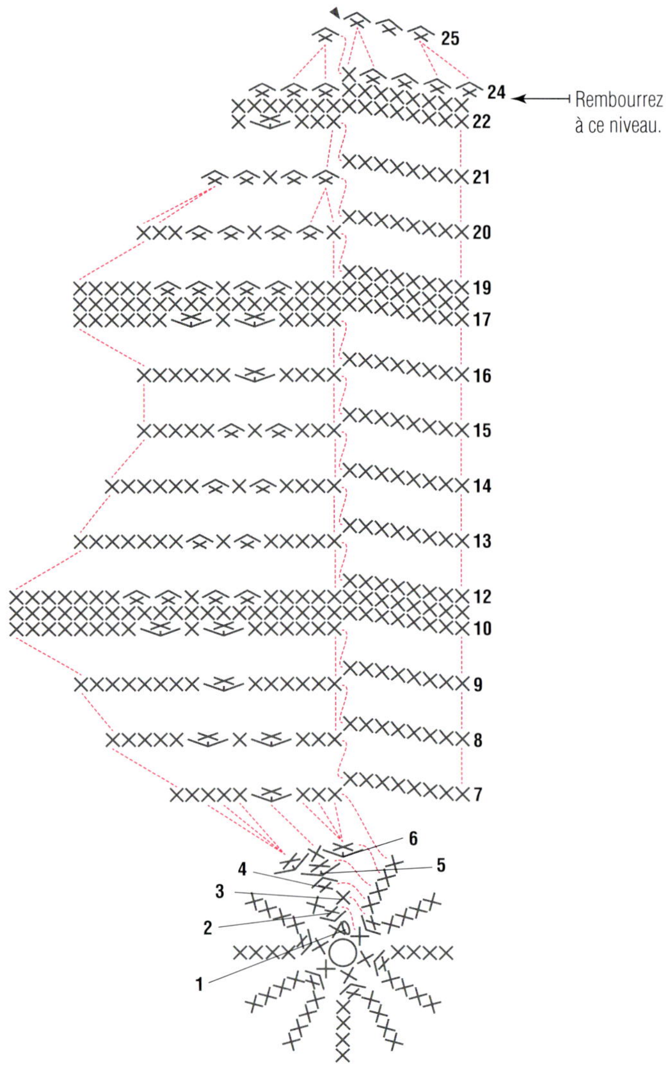

La suspension nuage

FOURNITURES

Laine épaisse blanche pour 1 crochet n° 5
Un peu de laine chinée gris-blanc et de laine bleu clair pour les pompons
Appareil à pompons n° 45
Ouate synthétique de rembourrage

RÉALISATION

Note : la partie centrale se crochète en tours, puis chaque « pointe » du nuage en rangs.

Le nuage

1er tour : sur une chaîne de 6 m. air + 1 m. air pour tourner, crochetez 5 m. serrées, 3 m. serrées dans la même m., 5 m. serrées, 3 m. serrées dans la même m. (soit 16 m. serrées). **2e-7e tour :** continuez en suivant le schéma. Crochetez en rangs les 5 pointes du nuage en suivant le schéma. Crochetez une 2e partie identique.

FINITIONS

Cousez les 2 parties du nuage et rembourrez de ouate synthétique.

dos et devant nuage

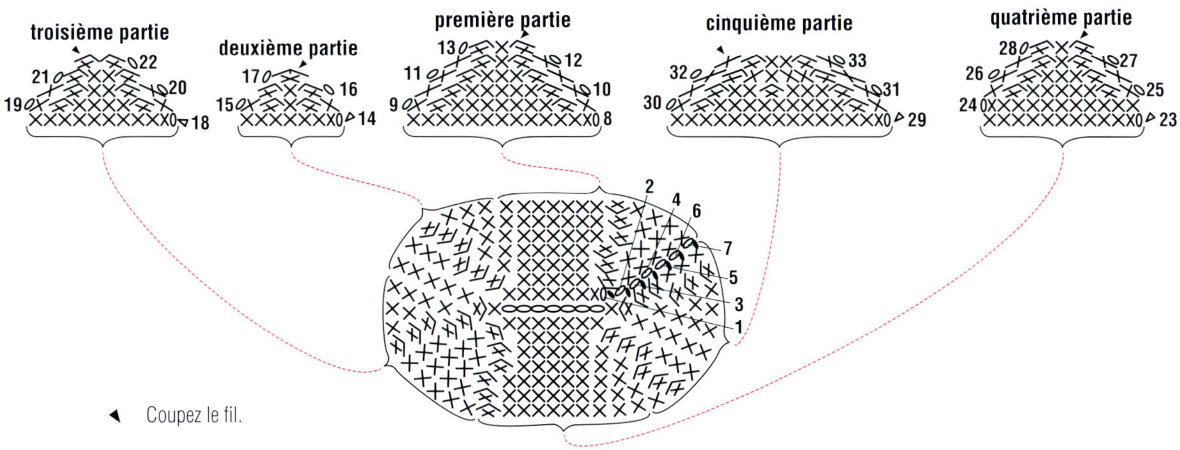

chaîn. de base = 7 m. air

◄ Coupez le fil.

◁ Attachez le fil.

○ **maille en l'air (m. air) :** 1 jeté, écoulez la boucle sur le crochet.

- **maille coulée (m.c.) :** piquez le crochet dans 1 m., 1 jeté et écoulez toutes les boucles sur le crochet.

× **maille serrée (m.s.) :** piquez le crochet dans 1 m., 1 jeté à travers la m., 1 jeté, écoulez toutes les boucles sur le crochet.

augmentation simple : crochetez 2 m.s. dans la même m.

augmentation double : crochetez 3 m.s. dans la même m.

diminution simple : piquez le crochet dans 1 m., en ramenez 1 jeté, faites de même dans la m. suivante, 1 jeté et écoulez toutes les boucles en 1 fois.

diminution double : piquez le crochet dans 1 m., en ramenez 1 jeté, faites de même dans les 2 m. suivantes, 1 jeté et écoulez toutes les boucles en 1 fois.

Les pompons

Note : pour la réalisation des pompons, **voir p. 4**.

Avec l'appareil n° 45, réalisez 2 pompons chinés gris-blanc et 1 pompon bleu clair.

Coupez le fil de serrage au ras du nœud.

FINITIONS

Dans la laine chinée grise, coupez 1 fil de 15 cm, 1 fil de 13 cm et 1 fil de 8 cm.

Passez-les au milieu du pompon et fixez les autres extrémités sur le nuage.

Avec 3 fils chinés gris-blanc, réalisez une tresse de 25 cm (finie). Faites 1 nœud à 20 cm du début de la tresse puis, pour suspendre le nuage, faites un autre nœud à 23 cm. Laissez libres les 2 cm restants.

Fixez la tresse sur le nuage. ✤

COSY

Créations :
BRIGITTE DE VILLEPOIX

Le repose-pied ou coussin

Note : Faites le nombre de pompons nécessaire, pour votre propre repose-pied ou coussin.

FOURNITURES

4 pelotes de laine coloris blanc
Pompons : restes de laine, coloris beige, blanc cassé et blanc
Crochet n° 6
Appareils à pompons n° 85, n° 45, n° 35, n° 25

RÉALISATION

Le repose-pied

Face rectangulaire : réalisez une chaînette de 30 mailles en l'air, et crochetez 27 rangs en brides, puis continuez en suivant le schéma et en crochetant les côtés.

Le coussin

S'il s'agit d'un coussin, crochetez seulement les rangs 1 à 27 de la partie extérieure du schéma.

Les pompons

Note : pour la réalisation des pompons, **voir p. 4.**

◄ Coupez le fil.

◁ Attachez le fil.

○ **maille en l'air (m. air) :** 1 jeté, écoulez la boucle sur le crochet.

- **maille coulée (m.c.) :** piquez le crochet dans 1 m., 1 jeté et écoulez toutes les boucles sur le crochet.

× **maille serrée (m.s.) :** piquez le crochet dans 1 m., 1 jeté à travers la m., 1 jeté, écoulez toutes les boucles sur le crochet.

⫪ **bride (br.) :** 1 jeté avant de piquer le crochet dans 1 m., 1 jeté à travers la m., puis répétez *1 jeté, écoulez 2 boucles*.

repose-pied ou coussin
(en blanc cassé)

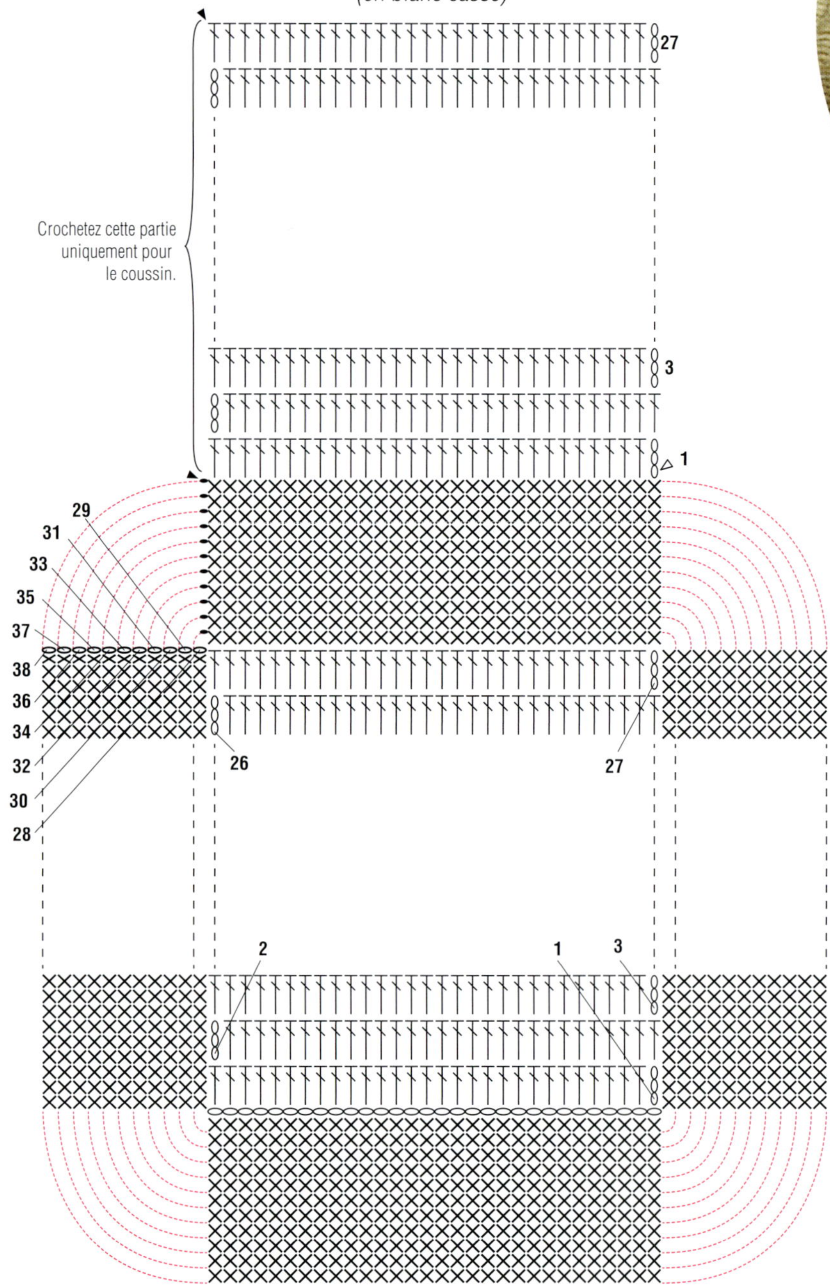

Avec l'appareil à pompons n° 85, réalisez 23 gros pompons et cousez-les sur les bords du repose-pied.

Avec les appareils n° 45, n° 35 et n° 25, réalisez 122 pompons et disposez-les librement sur l'assise du repose-pied ou coussin. **Note :** avant de dégager les pompons de l'appareil, coupez les 2 extrémités du fil de serrage à 15 cm du nœud. Elles serviront à fixer les pompons sur la base crochetée. Sécurisez le fil de serrage par 1 double nœud. ✤

Le bougeoir

FOURNITURES

Restes de laine de toutes les couleurs
Appareils à pompons n° 20 et n° 25
1 bougie
2 contenants en verre

RÉALISATION

Choisissez des couleurs assorties à celles de l'ensemble Tea Cosy.
Utilisez 2 contenants en verre qui peuvent s'emboîter. Placez la bougie dans le plus petit contenant, puis ce dernier dans le plus grand.

Les pompons

Note : pour la réalisation des pompons, **voir p. 4.**
Avec les appareils à pompons n° 20 et n° 25, réalisez environ 40 petits pompons de différentes couleurs et glissez-les entre les 2 contenants. ✤

Les mugs et la théière

FOURNITURES

1 pelote de laine suffisamment épaisse, dans chacun des coloris suivants : caramel et gris
Aiguilles à tricoter n° 6
Appareil à pompons n° 25

Les housses de mugs

Tricotez 2 housses de couleurs différentes.

Note : elles se tricotent dans le sens de la hauteur, afin d'être adaptées aux dimensions des mugs.

Avant de monter les mailles, laissez une longueur de fil d'environ 100 cm.

Avec les aiguilles n° 6, montez 13 m., tricotez 4 rangs au point mousse, puis continuez en répartissant les mailles comme suit : 2 mailles au point mousse (bordure), 9 mailles en jersey endroit et 2 mailles au point mousse (bordure). Tricotez ainsi 42 rangs, puis terminez par 2 rangs au point mousse. Coupez le fil après avoir laissé une longueur d'environ 100 cm.

FINITIONS

Assemblez les bords supérieurs en passant le fil dans les 2 épaisseurs (voir dessin), puis réalisez les brides boutonnières (voir schéma).

BRIDE BOUTONNIÈRE

Faites 1 aiguillée avec un fil de même coloris que celui de l'ouvrage. Piquez l'aiguille en prenant 1 m., puis repiquez-la 4 ou 5 m. plus loin. Revenez en piquant l'aiguille au niveau de la 1re m., puis commencez le point de feston.

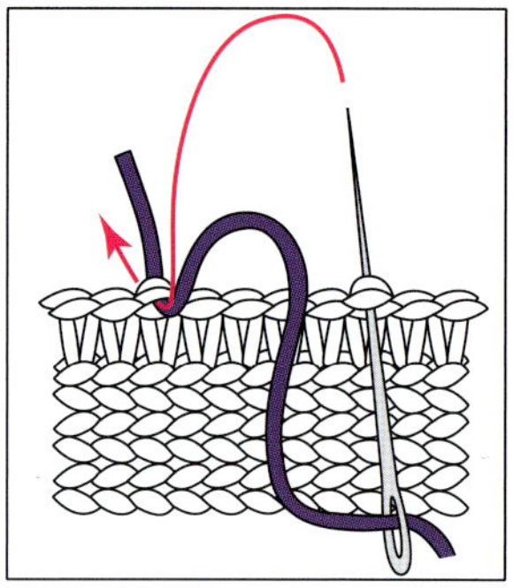

Brodez au point de feston de manière serrée sur ces deux fils. Travaillez de gauche à droite.

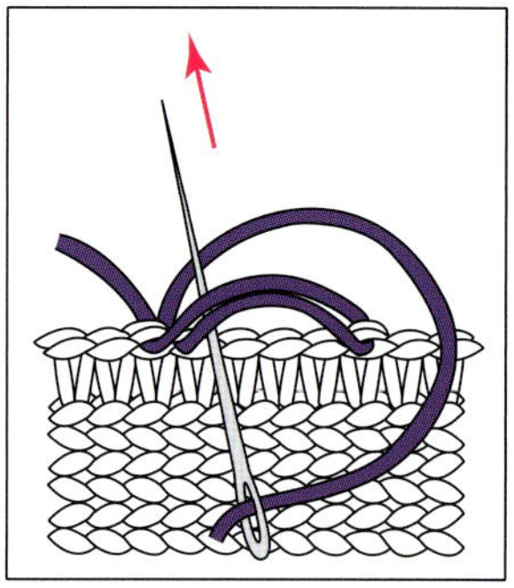

Fixez l'extrémité des fils en les dissimulant dans les m. sur l'envers du travail. Cette technique un peu longue est à l'origine d'une finition bien nette.

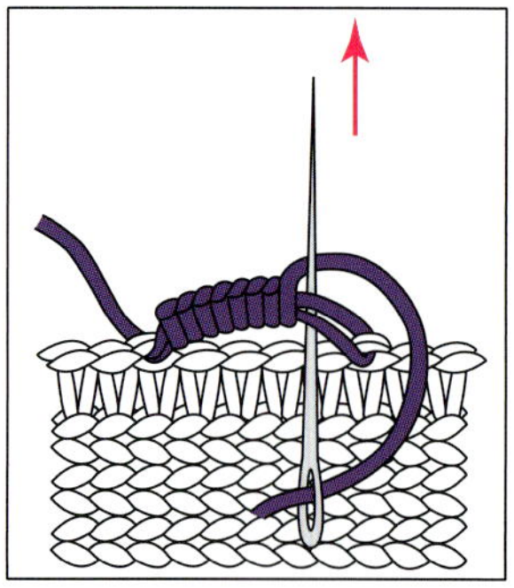

Les pompons

Note : pour la réalisation des pompons, **voir p. 4**.

Avec l'appareil n° 25, réalisez 3 petits pompons dans la couleur de votre choix, et cousez-les en vis-à-vis des 2 brides boutonnières et au niveau des 2 épaisseurs cousues ensemble.

Assemblage housses de mugs

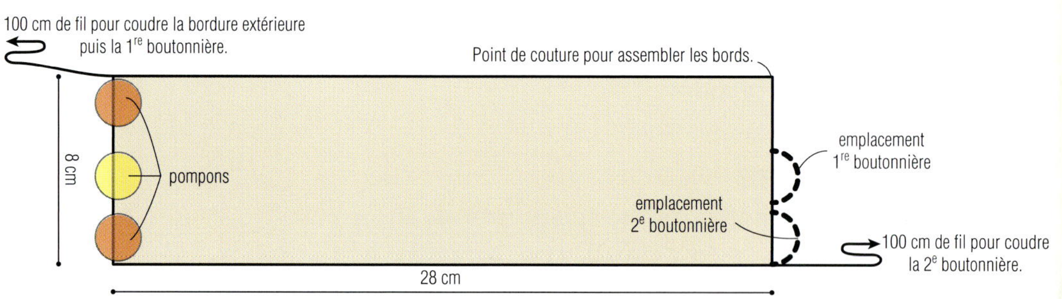

TEA COSY

Créations :
BRIGITTE DE VILLEPOIX

Le cache-théière

Note : le cache-théière est composé de 4 rectangles identiques de coloris différents.

Avec les aiguilles à tricoter n° 6 et le fil blanc cassé, montez 14 mailles, tricotez 50 rangs en jersey endroit et rabattez souplement les mailles en 1 fois. Tricotez de la même manière 1 rectangle caramel, 1 rectangle brun clair et 1 rectangle gris.

Assemblez le rectangle caramel et le rectangle blanc cassé **(voir schéma).**

Assemblez le rectangle gris et le rectangle brun clair **(voir schéma).**

Vous obtenez 1 grand rectangle caramel/blanc cassé et 1 autre gris/brun clair **(voir schéma).**

Bordure de la partie supérieure du cache-théière : avec la laine blanc cassé, relevez toutes les mailles sur l'une des extrémités, soit 56 mailles. Tricotez 3 rangs en jersey envers sur l'endroit et rabattez souplement les mailles en 1 fois.

Les pompons

Note : pour la réalisation des pompons, **voir p. 4.**

Avant de dégager les pompons de l'appareil, coupez les 2 extrémités du fil de serrage à 15 cm du nœud, elles serviront à fixer les pompons sur le cache-théière.

Avec l'appareil n° 35, réalisez 16 pompons dans les coloris suivants : 5 en rouille et 11 en blanc cassé.

FINITIONS

Sur la bordure supérieure du cache-théière, fixez 6 pompons (suivez le schéma pour la répartition des couleurs) en passant le fil de serrage de chacun d'entre eux sur l'envers. Nouez le fil en le serrant bien.

Fixez 3 pompons le long des coutures des rectangles.

À la base du cache-théière, faites 1 petit point de couture pour assembler le rectangle gris et le rectangle caramel. Fixez 1 pompon.

De la même manière, faites 1 petit point de couture à mi-hauteur et fixez un 2e pompon.

Assemblage cache-théière

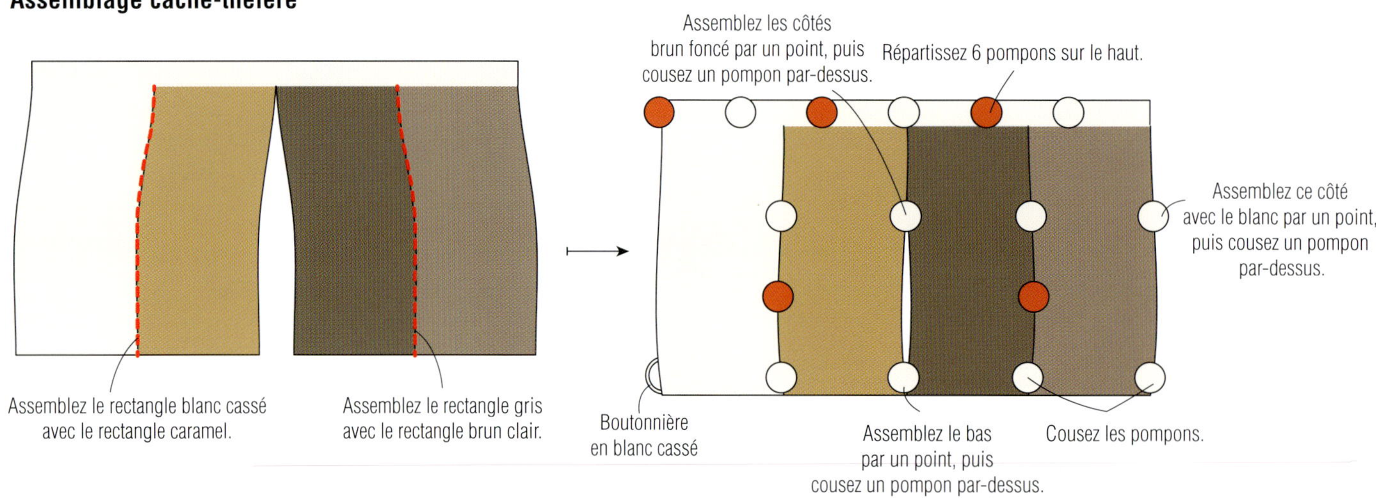

Faites 1 bride boutonnière (**voir p. 42**) sur le bord du rectangle blanc cassé et fixez 1 pompon en vis-à-vis.
À mi-hauteur, faites 1 petit point de couture pour assembler le rectangle blanc cassé et le rectangle brun clair et fixez 1 pompon.

Cordons de serrage

Dans chacun des coloris, coupez 1 fil de 65 cm de long.
Avec l'appareil n° 35, réalisez 2 pompons dans chaque coloris : blanc cassé, caramel, brun clair et gris.
Fixez les pompons à chaque extrémité des cordons de couleur correspondante.
Entourez-les sous le couvercle de la théière et nouez-les. ✤

Le bouquet assorti

RÉALISATION

Les pompons

Note : pour la réalisation des pompons, **voir p. 4.**
Avant de dégager les pompons de l'appareil, coupez les 2 extrémités du fil de serrage à 15 cm du nœud, elles serviront à fixer les pompons sur les branches de bois sec.

Avec les appareils n° 20 et n° 25, réalisez 15 pompons dans des coloris assortis aux pompons de Tea Cosy, en laissant le fil de serrage.

Fixez les pompons sur les branches de bois sec. ✤

Le sac à ouvrages

Créations :
BRIGITTE DE VILLEPOIX

DIMENSIONS

36 x 46 cm

FOURNITURES

4 pelotes de laine suffisamment épaisse
Aiguilles à tricoter n° 6
Aiguilles à tricoter à double pointe n° 6
Appareils à pompons n° 85, n° 65 et n° 45

RÉALISATION

Dos et devant du sac

Avec les aiguilles à tricoter n° 6, montez 40 mailles, tricotez 80 rangs en jersey endroit et laissez les mailles en attente.

Côtés du sac

Avec les aiguilles à tricoter n° 6, montez 23 mailles, tricotez 27 rangs en jersey endroit et laissez les mailles en attente. Tricotez le 2e côté. Reprenez sur les aiguilles à double pointe toutes les mailles laissées en attente comme suit : 40 mailles (devant), 23 mailles (1er côté), 40 mailles (dos), 23 mailles (2e côté). Tricotez en côtes 1/1 en rond sur les 126 mailles. **Note :** pour les côtes 1/1 tricotées en rond, tricotez toujours 1 maille endroit et 1 maille envers. Au 3e tour, réalisez les poignées au milieu des 2 grands rectangles, en rabattant les 11 mailles centrales. Au tour suivant, remontez 11 mailles. Tricotez encore 5 tours en côtes 1/1, puis rabattez souplement les mailles en 1 fois.

FINITIONS

Cousez les côtés du sac à ouvrages.

Les pompons

Note : pour la réalisation des pompons, **voir p. 4.**
Avec l'appareil n° 85, réalisez 4 gros pompons.
Avant de dégager les pompons de l'appareil, coupez les 2 extrémités du fil de serrage à 15 cm du nœud, elles serviront à fixer les pompons sur le sac.
Avec l'appareil n° 65, réalisez 2 pompons moyens.
Avant de dégager les pompons de l'appareil, coupez les 2 extrémités du fil de serrage à 25 cm du nœud, elles serviront à fixer les pompons sur le sac.

Avec l'appareil n° 45, réalisez 2 petits pompons. Avant de dégager les pompons de l'appareil, coupez les 2 extrémités du fil de serrage à 25 cm du nœud, elles serviront à fixer les pompons sur le sac.

Fixez les 4 gros pompons au milieu du dos et du devant et dans l'axe des poignées.

Groupez 3 petits pompons, nouez-les ensemble et cousez-les dans l'angle du sac, juste sous les côtes 1/1 (**voir photo**).

Cousez 1 pompon moyen à côté d'un gros avec 1 fil double suffisamment long.

Cousez le 2e pompon moyen à l'autre extrémité du fil double et passez-le dans les poignées.

Vous pouvez glisser un morceau de carton au fond du sac à ouvrages pour qu'il soit plus rigide. ✤

Les fleurs de coton

FOURNITURES

2 pelotes de laine suffisamment épaisse dans les coloris suivants : blanc et brun

Crochet n° 2,5

Appareils à pompons n° 85, n° 65, n° 45

Aiguille à laine

RÉALISATION

La coque

Avec le crochet n° 2,5 et le fil brun, réalisez une chaînette de 6 mailles en l'air fermée en rond par 1 m. coulée. Continuez en suivant le schéma, puis crochetez les pétales de la coque en rangs. **Note :** les 4 coques sont identiques. Les pompons insérés dans les coques seront plus ou moins « ventrus ». Le gros pompon réalisé avec l'appareil n° 85 sera plus rebondi que celui réalisé avec l'appareil n° 45.

coque fleur de coton

(en brun)

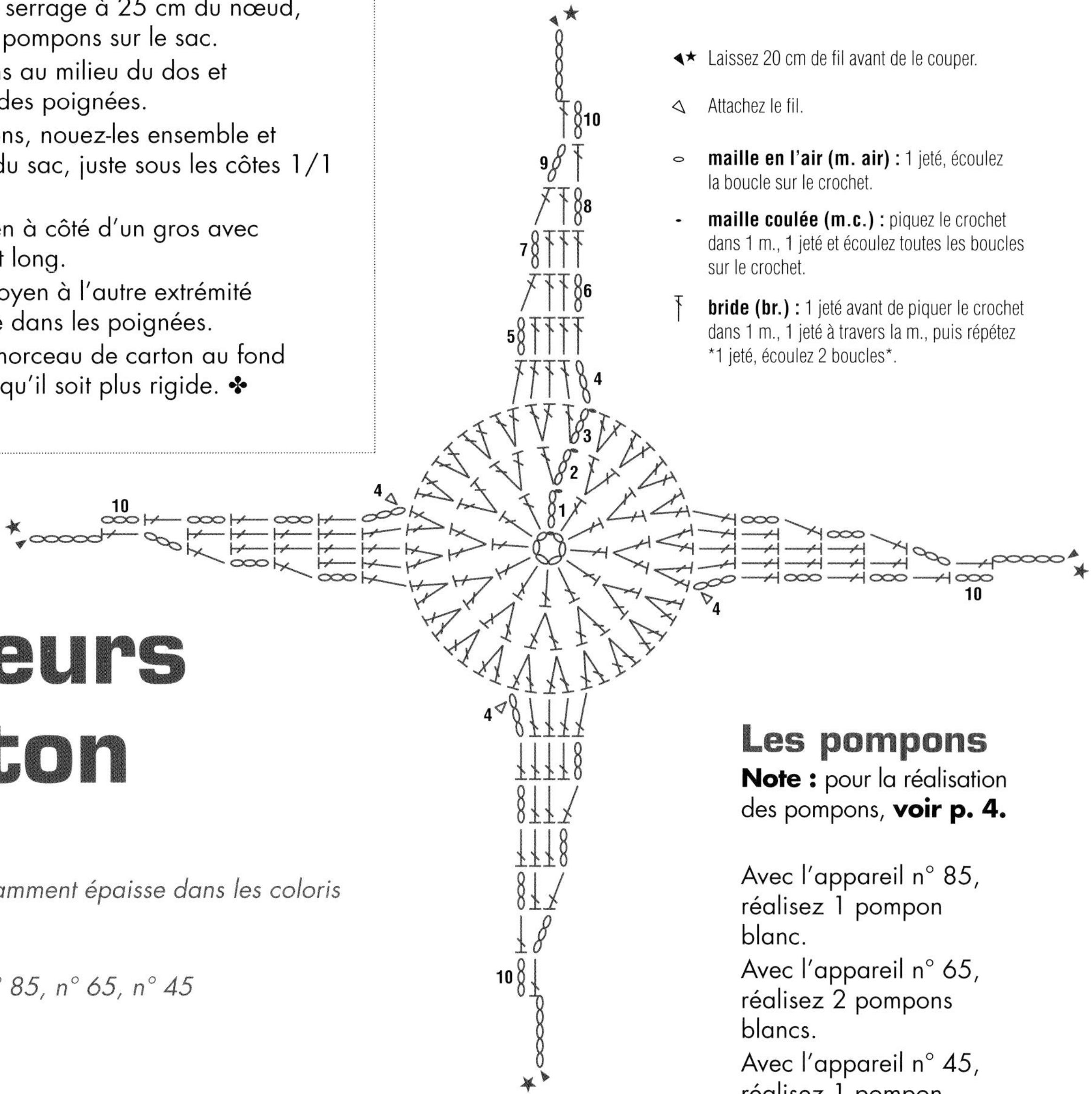

◂★ Laissez 20 cm de fil avant de le couper.

◁ Attachez le fil.

○ **maille en l'air (m. air) :** 1 jeté, écoulez la boucle sur le crochet.

- **maille coulée (m.c.) :** piquez le crochet dans 1 m., 1 jeté et écoulez toutes les boucles sur le crochet.

⫯ **bride (br.) :** 1 jeté avant de piquer le crochet dans 1 m., 1 jeté à travers la m., puis répétez *1 jeté, écoulez 2 boucles*.

Les pompons

Note : pour la réalisation des pompons, **voir p. 4.**

Avec l'appareil n° 85, réalisez 1 pompon blanc.

Avec l'appareil n° 65, réalisez 2 pompons blancs.

Avec l'appareil n° 45, réalisez 1 pompon blanc.

FINITIONS

Posez 1 pompon dans chaque coque puis, avec l'aiguille à laine, réunissez les 4 pétales de la coque. Passez ce fil à l'intérieur du pompon et faites-le ressortir au centre de la coque. Ne coupez pas le fil, il servira à suspendre la fleur de coton. ✤

L'abat-jour

FOURNITURES

Abat-jour beige rosé de 78 cm de circonférence
Laine de grosseur moyenne dans les coloris suivants : turquoise foncé, turquoise clair, bleu-gris et bleu ciel
Fil de coton à crocheter turquoise
Fil à coudre turquoise
Appareil à pompons n° 20
Perles ovales argentées
2 aiguilles à coudre : 1 fine et 1 moyenne
Paire de ciseaux
Crochet n° 3

RÉALISATION

Bordure au crochet

Note : le motif se crochète sur 4 m.+ 1 m. air pour tourner.

1er rang : faites une chaînette de base de la longueur souhaitée et crochetez en mailles serrées. **2e rang :** 3 m. air pour remplacer la 1re bride, *piquez le crochet dans la 3e maille serrée suivante et faites 4 brides, passez 4 mailles serrées et crochetez 4 brides dans la maille serrée suivante*. Répétez de *à* sur tout le rang. **3e-4e rangs :** suivez le schéma et coupez le fil à la fin du 4e rang. Retournez le travail à 180° et crochetez en vis-à-vis sur l'autre partie de la chaîne de base.

FINITIONS

Une fois la bordure terminée, cousez 1 perle argentée au centre de chaque motif **(voir photo).**

Les pompons

Note : pour la réalisation des pompons, **voir p. 4**.

Avec l'appareil n° 20, réalisez 20 pompons avec 3 fils pris ensemble : turquoise clair, bleu-gris et bleu ciel. Enroulez le fil 16 fois sur chaque bras.

Formez le pompon avec 1 fil de serrage pris en double dans le même coloris. Passez ce fil 2 fois dans la gorge de l'appareil et nouez-le avec un double nœud. Coupez 3 brins à ras du pompon et le 4e à 15 cm. Ce fil servira à fixer le pompon sur la bordure au crochet.

FINITIONS

Fixez 1 pompon toutes les 2 perles **(voir photo).** ✤

◀ Coupez le fil.

◁ Attachez le fil.

○ **maille en l'air (m. air) :** 1 jeté, écoulez la boucle sur le crochet.

× **maille serrée (m.s.) :** piquez le crochet dans 1 m., 1 jeté à travers la m., 1 jeté, écoulez toutes les boucles sur le crochet.

Ŧ **bride (br.) :** 1 jeté avant de piquer le crochet dans 1 m., 1 jeté à travers la m., puis répétez *1 jeté, écoulez 2 boucles*.

première étape

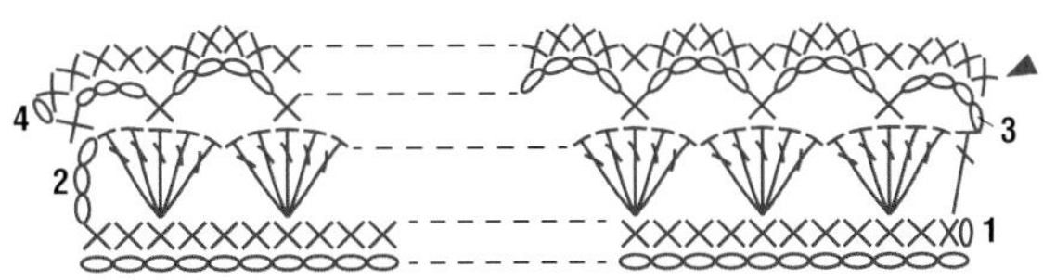

chaîn. de base divisible par 4 m. + 1 m.

Retournez le travail à 180°.

deuxième étape

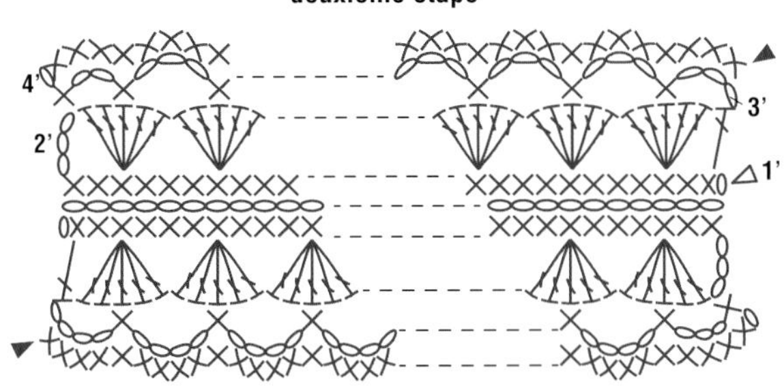

Création :
RITA PEIGNEAU

Le chapeau de paille

FOURNITURES

Chapeau de paille
2 rouleaux de tulle souple de 8 cm de large, turquoise clair et turquoise foncé
Appareil à pompons n° 35
Laine turquoise
Paire de ciseaux
Aiguille longue à coudre
Fil à coudre turquoise
Épingle

RÉALISATION

Note : pour la réalisation des pompons, **voir p. 4.**

Les pompons

Avec l'appareil n° 35 et le tulle, réalisez 2 pompons turquoise clair et 2 autres turquoise foncé. Enroulez le tulle 16 fois sur chaque bras.

Astuce : fixez le tulle avec 1 épingle après l'avoir enroulé sur le 1er bras pour éviter qu'il se défasse. Vous retirerez l'épingle ultérieurement, avant l'incision des bandes pour former le pompon.

Formez le pompon avec 1 fil de serrage dans le même coloris. Passez ce fil 2 fois dans la gorge de l'appareil et nouez-le par un double nœud. Égalisez les brins de tulle comme pour 1 fil classique.

FINITIONS

Coupez une bande de tulle de chaque coloris, superposez-les. Fixez-les sur le chapeau **(voir photo)** par quelques points de couture.
Attachez par paire les pompons de même couleur puis regroupez les 4 pompons et fixez-les sur les rubans de tulle, sur l'un des côtés du chapeau.

Le collier aux pompons

FOURNITURES

Laine turquoise
Fil lurex argent
Fil lamé turquoise
Fil de coton à crocheter bleu
Fil de nylon transparent pour bijoux
Appareil à pompons n° 20
14 perles bâtons torsadées argentées
20 perles rondes turquoise
58 perles ovales à facettes argentées
Paire de ciseaux
Aiguille à coudre longue et fine

RÉALISATION

Les pompons

Note : pour la réalisation des pompons, **voir p. 4.**
Avec l'appareil n° 20, réalisez 3 pompons avec 3 fils pris ensemble : laine, lurex, lamé. Enroulez les fils 60 fois autour de chaque bras.

FINITIONS

Avec l'aiguille et 80 cm de fil de nylon pris en double, enfilez les perles et les pompons en commençant par 1 perle ovale argentée et continuez en suivant la disposition des perles sur la photo. Le collier étant assez long, il n'est pas nécessaire que vous mettiez 1 fermoir. Formez 1 double nœud avec le fil de nylon et, pour le sécuriser, passez les brins restants dans 2 ou 3 perles puis coupez-les à ras.

Créations :
RITA PEIGNEAU

LAGON

La musette

DIMENSIONS

25 cm de hauteur sur 30 cm de largeur

FOURNITURES

40 x 80 cm de bulgomme
Appareil à pompons n° 35
Restes de laine dans des nuances de rouge et d'orange
Aiguille à laine très pointue

RÉALISATION

La musette

Note : le bulgomme étant une matière texturée et à motifs, veillez à ce que chaque motif apparaisse en totalité pour un joli rendu. L'effet dentelé est obtenu en découpant les bordures et en suivant le motif du bulgomme **(voir photo p. 56).**

Dans le bulgomme, découpez 2 lanières de 3 x 80 cm pour la bandoulière.

À partir de l'une des extrémités du morceau restant, marquez 1 repère à 22 cm pour le rabat et découpez-le.

Pliez en 2 les 58 cm restants et marquez 1 repère à 29 cm pour la pliure du fond.

De chaque côté, faites la couture du dos et du devant (envers contre envers) en assemblant avec les lanières.

Cousez au point arrière.

Réunissez les 2 extrémités de la bandoulière en les faisant se chevaucher.

Les pompons

Note : pour la réalisation des pompons, **voir p. 4.**

Avec l'appareil n° 35, réalisez 7 pompons dans les nuances de rouge et d'orange.

Fixez 3 pompons au milieu du rabat **(voir photo).**

FINITIONS

Fixez 1 pompon orange et 1 pompon rouge foncé sous le rabat pour simuler 2 gros boutons.

Fixez 1 pompon orange et 1 pompon rouge clair au niveau de la couture des 2 lanières. ✤

Les brochettes en bois

FOURNITURES

Chutes de bulgomme
Appareils à pompons n° 20 et n° 25
Restes de laine dans des nuances de rouge et d'orange
Brochettes en bois

RÉALISATION

Les pompons

Note : pour la réalisation des pompons, **voir p. 4.**

Avec les appareils à pompons n° 20 et n° 25, réalisez des pompons de différents diamètres et de diverses couleurs.

FINITIONS

Avec chaque brochette, transpercez 2 pompons en associant les couleurs au gré de votre inspiration.

Dans les chutes de bulgomme, découpez des motifs « diamants », piquez-les sur les brochettes en bois. Cela évitera aux pompons de glisser. ✤

COQUELICOT

Créations :
ELFIE HAAS

Le rond de serviette

FOURNITURES

Une chute de bulgomme de 1 cm de large et de 30 cm de long
Appareil à pompons n° 45
Reste de laine rouge
Aiguilles à laine très pointues

RÉALISATION

Dans le bulgomme, découpez une lanière de 1 x 30 cm pour le rond de serviette.

Ouvrez l'appareil n° 45 et positionnez-le à 10 cm de l'une des extrémités de la lanière. Transpercez la lanière en la passant sur la tige métallique centrale de l'appareil **(voir schémas)**. Refermez l'appareil.

Le pompon

Note : pour la réalisation des pompons, **voir p. 4**.

Comment placer le bulgomme sur l'appareil

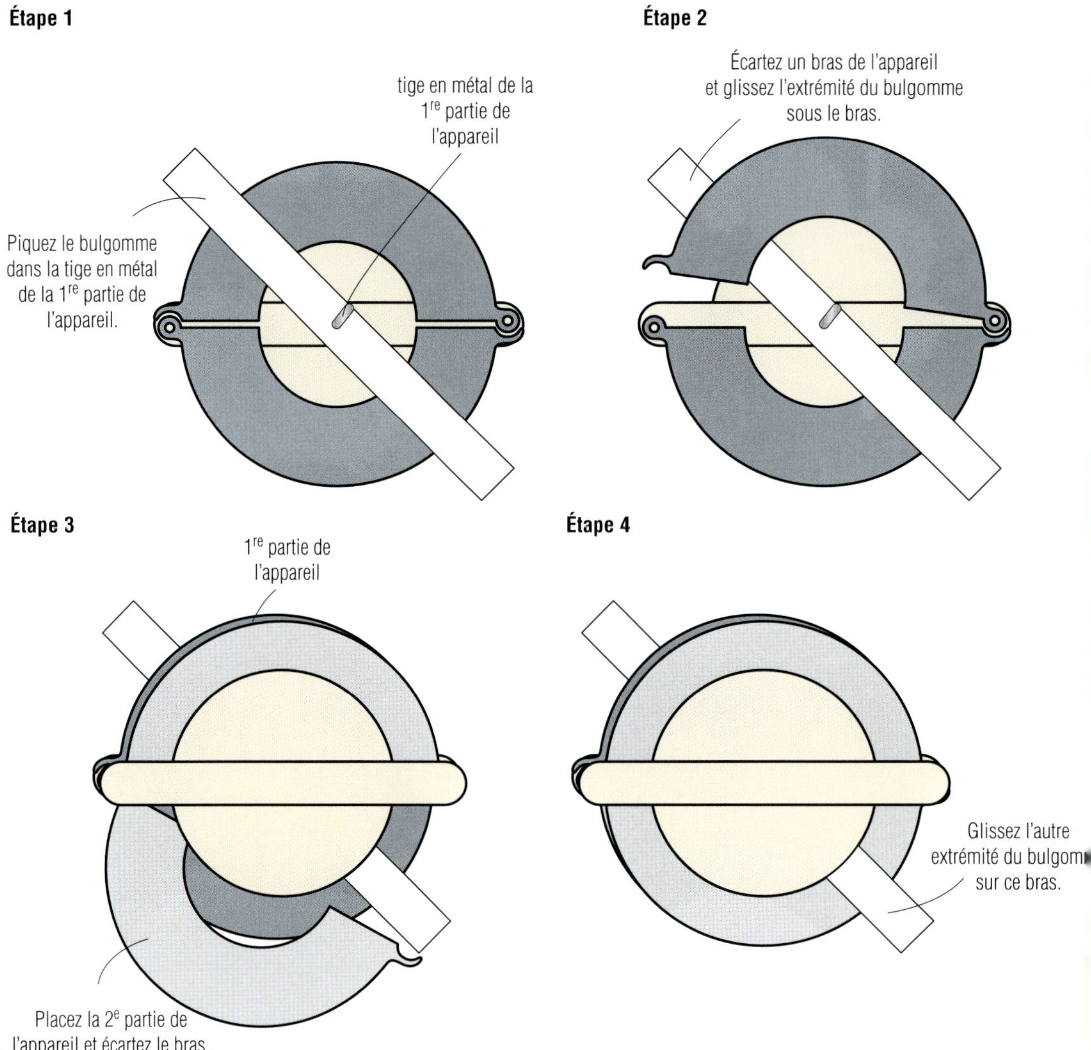

Enroulez un fil rouge foncé et faites plusieurs passages sur chaque bras. Terminez le pompon, ôtez-le de l'appareil, la lanière de bulgomme se trouve emprisonnée dans le pompon.

FINITIONS

Formez 1 boucle coulissante à l'autre extrémité de la lanière et cousez-la au point arrière avec le fil rouge. ✣

Créations :
ELFIE HAAS

Le coussin matelassé

Le coussin matelassé

DIMENSIONS
50 x 50 cm

FOURNITURES
50x 100 cm de bulgomme
Appareil à pompons n° 35
Restes de laine dans des nuances de rouge
Aiguille à laine très pointue
Rembourrage en polyester

RÉALISATION
Note : le bulgomme étant une matière texturée et à motifs, veillez à ce que chaque motif apparaisse en totalité pour un joli rendu. Pour obtenir un effet dentelé, découpez les bordures en suivant le motif du bulgomme **(voir photo).**

Le point arrière

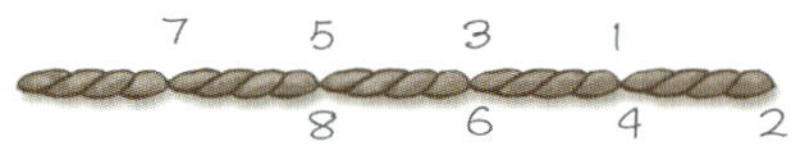

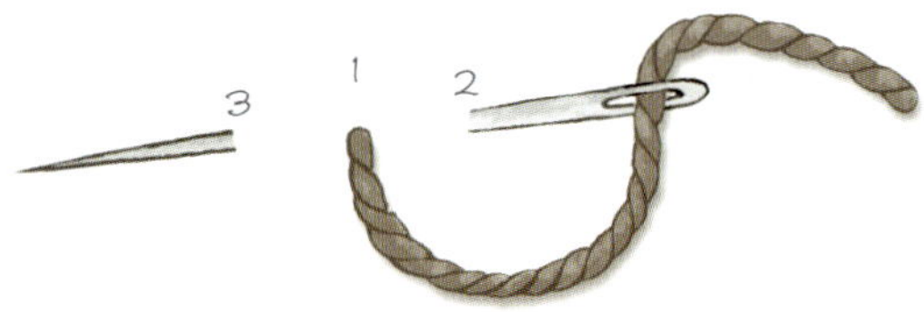

Le coussin

Dans le bulgomme, découpez 2 carrés d'environ 50 x 50 cm. Disposez-les envers contre envers et assemblez-les avec le fil rouge par une couture visible à grands points arrière **(voir schéma ci-dessus)** en piquant l'aiguille à 2 ou 3 cm du bord. Cousez 3 côtés et rembourrez le coussin. Terminez l'assemblage.

Les pompons

Note : pour la réalisation des pompons, **voir p. 4.**

Avec l'appareil n° 35, réalisez 9 pompons dans les tons de rouge, soit 3 pompons par nuance.

FINITIONS
Positionnez-les régulièrement sur le coussin (**voir photo**).
Fixez-les en transperçant les 2 épaisseurs du coussin pour obtenir un effet matelassé. Serrez le fil et sécurisez-le par un double nœud. ✤

La guirlande

DIMENSIONS
2 x 150 cm

FOURNITURES
Chute de bulgomme
Appareils à pompons n° 115 et n° 85
Restes de laine dans des nuances de rouge

RÉALISATION
Dans la chute de bulgomme, coupez 1 lanière de 2 x 150 cm.

Les gros pompons

Note : pour la réalisation des pompons, **voir p. 4**.
Positionnez l'appareil n° 115 à 15 cm de l'une des extrémités de la lanière, ouvrir l'appareil et transpercez la lanière comme précédemment **(voir schémas p. 54)**.
Refermez l'appareil. Enroulez un fil rouge foncé et faites plusieurs passages sur chaque bras. Terminez le pompon, ôtez-le de l'appareil, la lanière de bulgomme se trouve emprisonnée dans le pompon.

Les pompons moyens

Note : pour la réalisation des pompons, **voir p. 4.**
Avec l'appareil n° 85, confectionnez 1 pompon, en transperçant la lanière de bulgomme à 10 ou 15 cm du 1er pompon.
Continuez ainsi sur toute la longueur de la lanière en alternant des gros pompons et des pompons moyens. ✤

Les pampilles

FOURNITURES
Lanière en bulgomme de 1 x 50 cm
Appareil à pompons n° 115
Restes de laine orange et rouge

RÉALISATION

Les pompons

Note : pour la réalisation des pompons, **voir p. 4.**
Positionnez l'appareil n° 115 à 15 cm de l'une des extrémités de la lanière, ouvrir l'appareil et transpercez la lanière comme précédemment **(voir schémas p. 54)**.
Refermez l'appareil. Enroulez un fil rose et faites plusieurs passages sur chaque bras.
Terminez le pompon, ôtez-le de l'appareil, la lanière de bulgomme se trouve emprisonnée dans le pompon.
Réalisez un autre pompon de la même façon, mais avec le fil orange.

FINITIONS
Sur chaque lanière, formez 1 boucle coulissante à l'autre extrémité et fixez-la sur l'envers par 2 points avant. ✤

La couronne

Les pompons sont réalisés avec des appareils de diamètres différents.
Pour la réalisation des pompons, **voir p. 4.**

Les pompons du pourtour

Avec l'appareil n° 65, réalisez 2 pompons blancs, 3 pompons roses et 3 pompons verts.
Avec l'appareil n° 45, réalisez 4 pompons blancs, 2 pompons roses et 2 pompons verts.
Avec l'appareil n° 35, réalisez 8 pompons blancs, 12 pompons roses et 12 pompons verts.

Couronne
agrandir à 200 %

Le pompon central

Avec l'appareil n° 85, réalisez 1 pompon multicolore comme suit : sur chaque bras faites 1 passage en vert, 1 passage clairsemé en blanc, 1 passage clairsemé en rose et 1 dernier passage clairsemé en blanc. Terminez le pompon. **Note :** avant de dégager le pompon de l'appareil, coupez les 2 extrémités du fil de serrage à 15 cm du nœud, elles serviront à fixer les pompons sur la couronne.

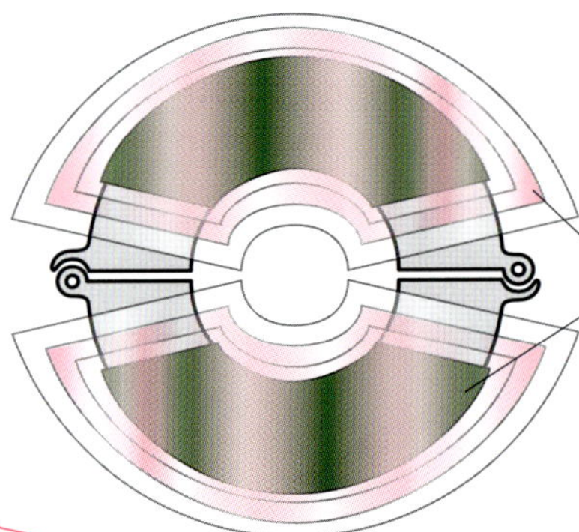

FOURNITURES (Pour les 5 modèles)

Fils de coton dans les coloris suivants : blanc, rose et vert
Appareils à pompons n° 85, n° 65, n° 45 et n° 35
Paire de ciseaux
Cutter
Colle pour tissu
Feutrines verte et rose
Fil chenille vert
Règle graduée
Carton fort pour la couronne
Feuilles cartonnées : 1 rose et 1 verte
Petits paniers en carton fort : 1 rose et 1 vert
Peinture blanche
Crayon à papier
Gomme

RÉALISATION

Tracez le contour de la couronne sur le carton fort (**voir gabarit**) et découpez-la au cutter. Peignez-la en blanc.
Notes : avant de coller les pompons sur la couronne, déterminez de manière assez précise l'emplacement des différents éléments.

FINITIONS

Avec le fil de serrage, accrochez le pompon central sur la partie supérieure de la couronne en le laissant pendre librement **(voir photo)**.
Collez les pompons de 45 mm de diamètre sur la couronne **(voir schémas p. 60)**.

Créations :
CÉCILE MARTI

C'EST LE PRINTEMPS !

C’est le printemps !

Collez les pompons de 35 mm de diamètre comme suit : 2 pompons de même coloris dans les espaces restés libres de part et d’autre des pompons centraux (**voir schémas**).

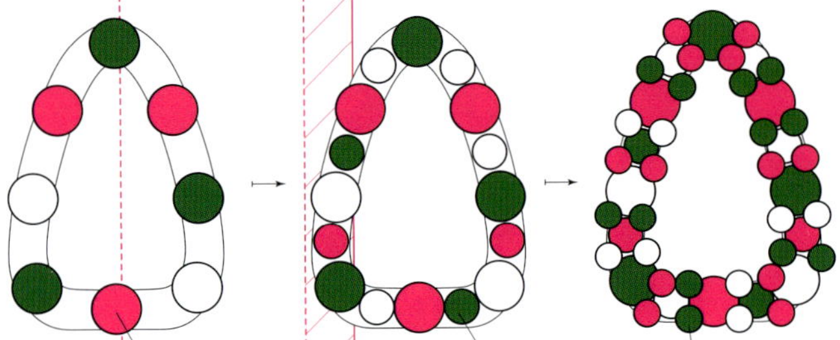

diamètre pompons : 65 mm — diamètre pompons : 45 mm — diamètre pompons : 35 mm

La cordelière

Réalisez 1 cordelière de 20 cm (finie), passez-la sur la partie supérieure de la couronne et nouez les 2 extrémités avant de suspendre la couronne. ✤

COMMENT FAIRE UNE CORDELIÈRE

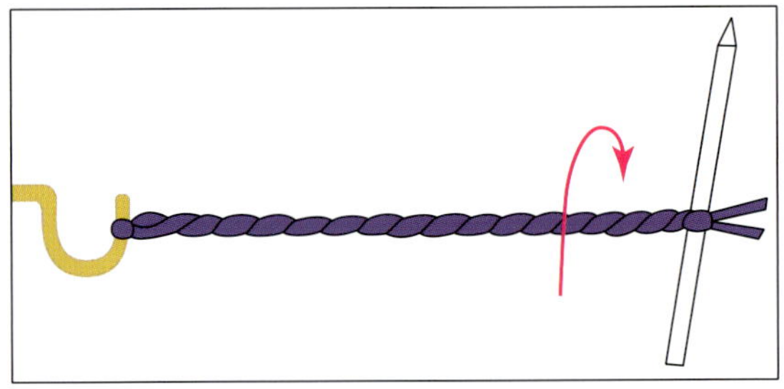

Coupez 2 longueurs de fil de 2 fois la longueur désirée. Pliez-les en 2, nouer les extrémités ensemble. Glissez le nœud de l'extrémité sur 1 crochet (ou sur 1 élément fixe). Faites 1 nœud à l'autre extrémité des fils et passez un crayon entre les fils repliés. Tendez les fils et tournez le crayon autant de fois que nécessaire pour qu'ils soient tordus et serrés.

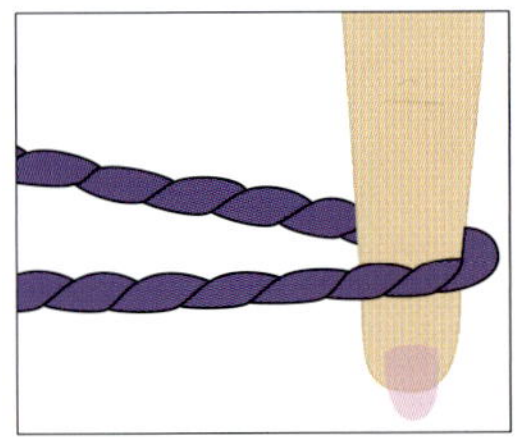

Placez l'index dans la boucle à la place du crochet et ramenez la boucle sur les extrémités noués.

Relâchez la boucle et laissez les fils s'enrouler à nouveau.

Nouez l'extrémité.

Paniers de Pâques

RÉALISATION

Tracez le contour du panier à friandises sur la feuille cartonnée rose ou verte et découpez-le avec les ciseaux (**voir gabarit**).

FINITIONS

Assemblez les différentes parties en collant le fond, les côtés et la poignée. ✤

Le poussin rose et blanc

RÉALISATION

Les pompons

Note : pour la réalisation des pompons, **voir p. 4.**

Le corps : avec l'appareil n° 65, réalisez le pompon comme suit : **1er bras de l'appareil :** en rose, **2e bras de l'appareil :** 2 bandes en blanc et le reste en rose **(voir schéma)**.

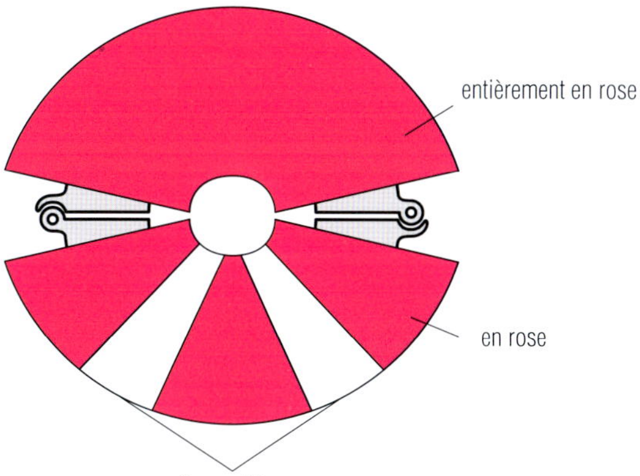

La tête : avec l'appareil n° 45, réalisez 1 pompon rose. Collez la tête sur le corps et laissez sécher.

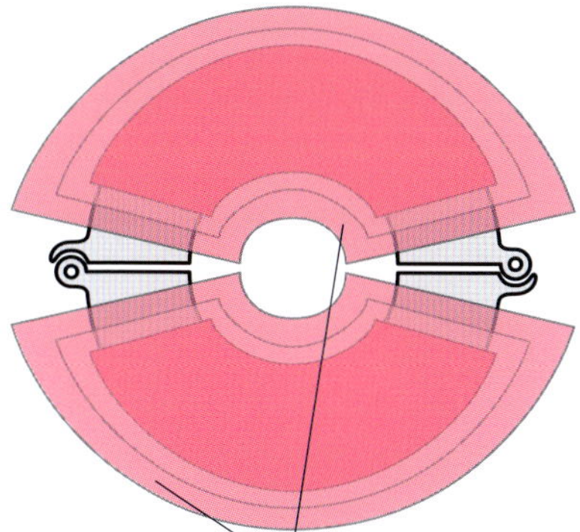

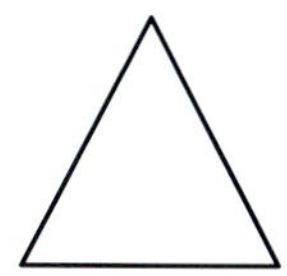

Bec de poussin

FINITIONS

Dans la feutrine rose, découpez le bec **(voir gabarit ci-dessus)**, ainsi que 2 petites pastilles pour simuler les yeux.

Collez-les sur la tête du poussin. ✤

Le lapin vert et blanc

RÉALISATION

Les pompons

Note : pour la réalisation des pompons, voir **voir p. 4**.

Le corps : avec l'appareil n° 65, réalisez 1 pompon comme suit : **sur les 2 bras :** 1 couche en vert, 4 bandes en blanc, 1 couche en vert.

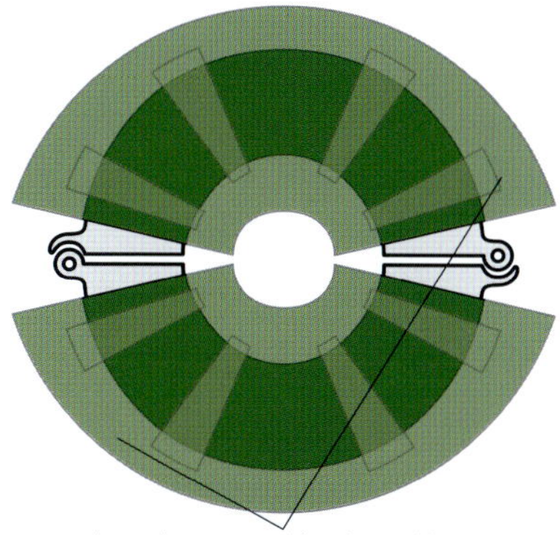

La tête : avec l'appareil n° 45, réalisez 1 pompon comme suit : **1er bras de l'appareil :** en blanc, **2e bras de l'appareil :** 1 couche en blanc, 3 bandes en vert et 1 couche en blanc.

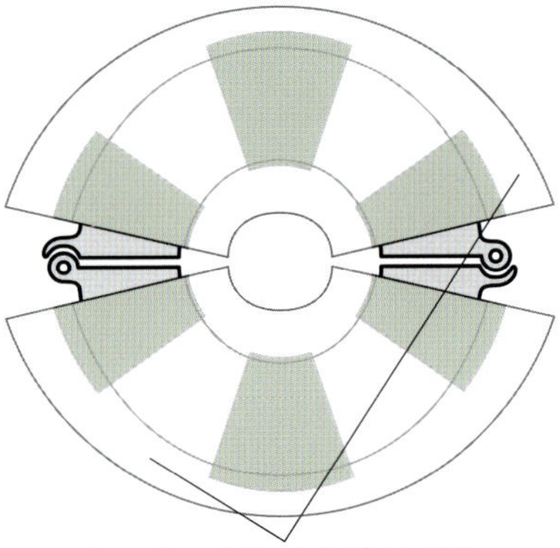

1 couche en blanc, 3 bandes en vert et 1 couche en blanc

La queue : avec l'appareil n° 25, réalisez 1 pompon blanc.

Collez la tête sur le corps et la queue à l'arrière du corps. Laissez sécher.

FINITIONS

Dans la feutrine verte, découpez les oreilles (**voir gabarit ci-dessous**), ainsi que 2 petites pastilles pour simuler les yeux.

Collez-les sur la tête du poussin. ✤

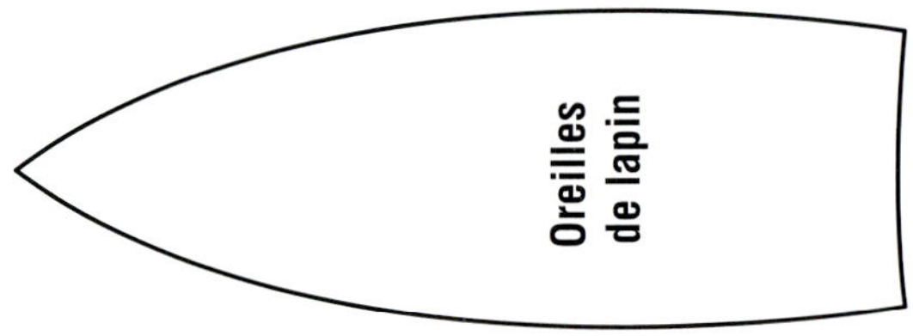

Le bouquet de fleurs

Composez votre bouquet comme un sampler en suivant les différents schémas.

Multipliez les fleurs écloses et les fleurs en boutons au gré de votre imagination.

Nous vous proposons quelques schémas de fleurs et de boutons pour un bouquet extraordinaire.

FINITIONS

Collez chaque fleur et chaque bouton sur un fil chenille et laissez sécher.

Composez votre bouquet en regroupant les tiges. ✤

La fleur A

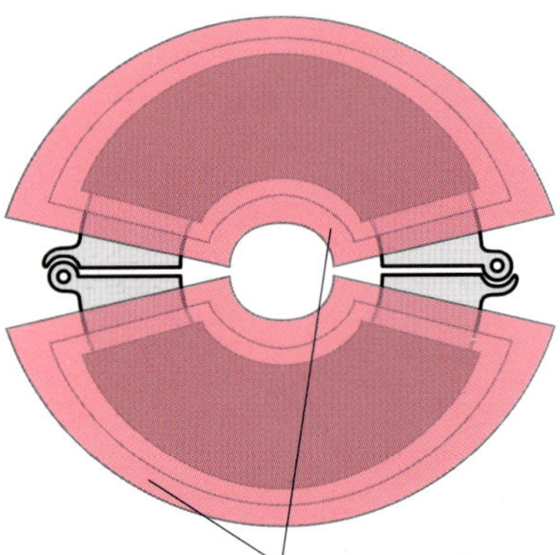

1 couche en vert, 2 couches en blanc et 2 couches en rose

La fleur B

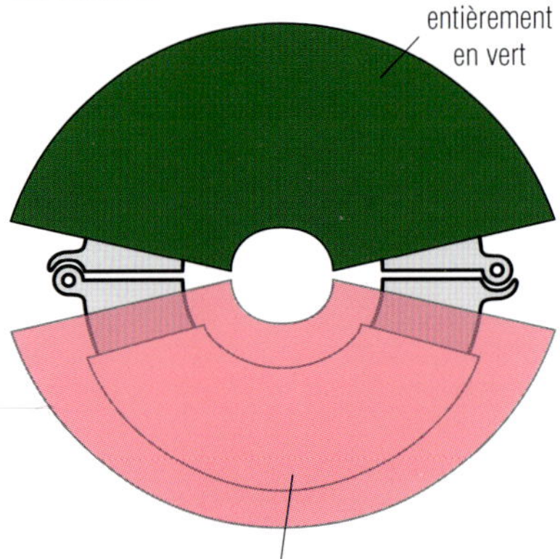

2 couches en blanc et 2 couches en rose

La fleur C

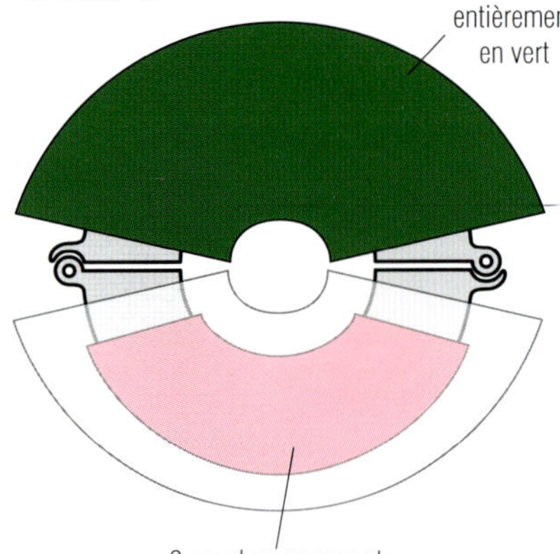

2 couches en rose et 2 couches en blanc

La fleur D

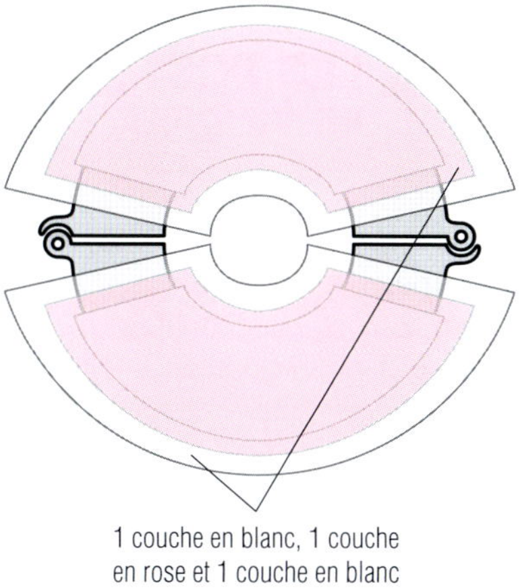

La fleur E

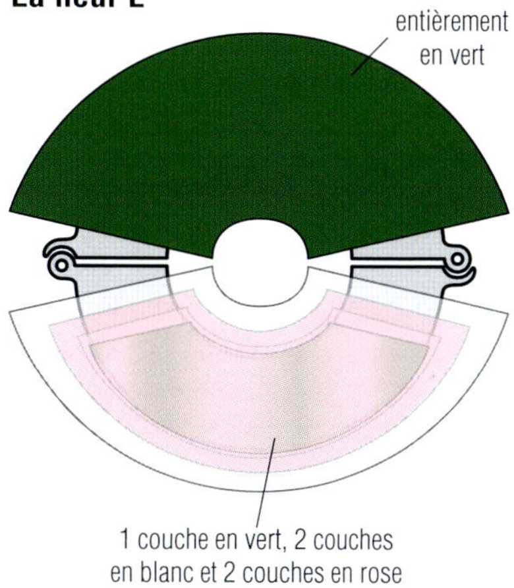

La fleur en bouton A

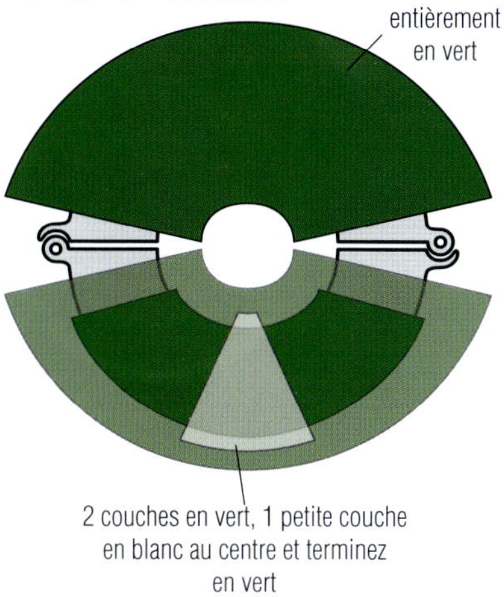

La fleur en bouton B

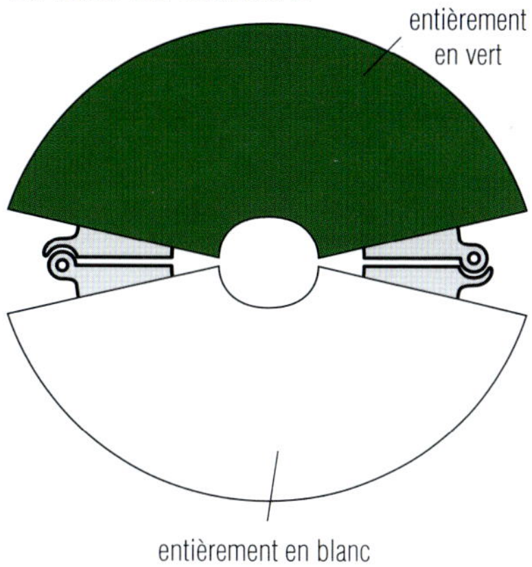

La fleur en bouton C

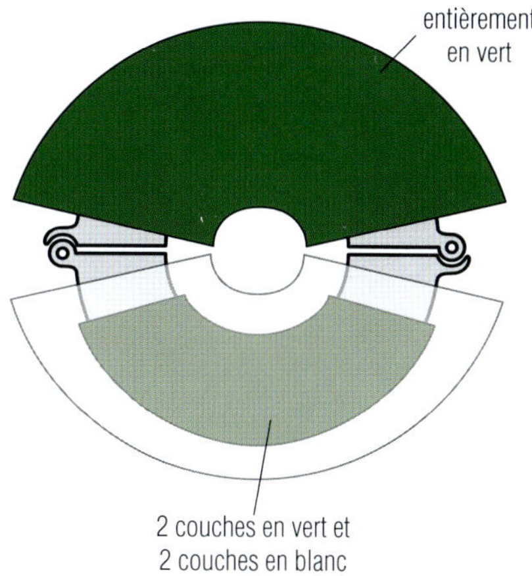

La fleur en bouton D

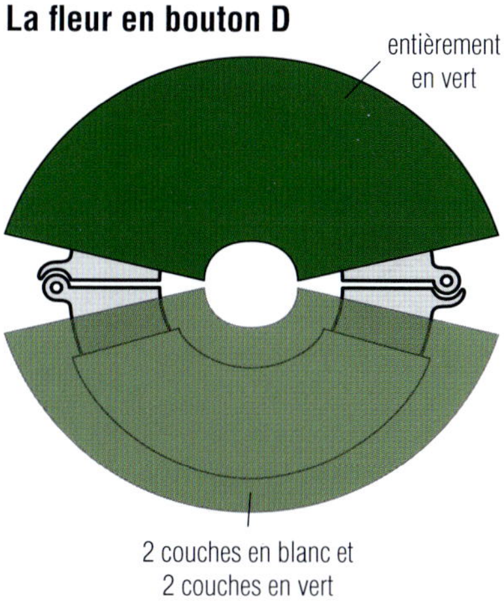

La fleur en bouton E

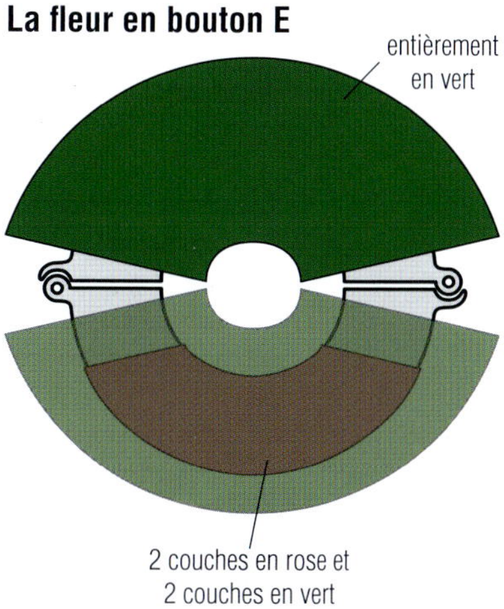

La fleur en bouton F

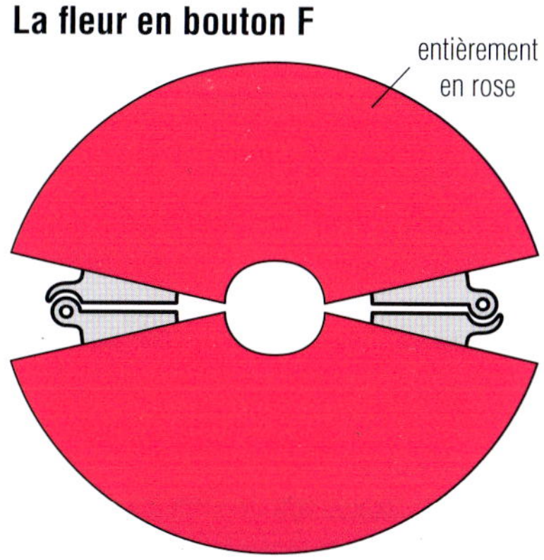

Dans la même collection, aux *éditions de saxe*

ENVI 001 - 9,50 €

ENVI 002 - 9,50 €

ENVI 003 - 9,50 €

ENVI 004 - 9,50 €

ENVI 005 - 9,50 €

ENVI 006 - 9,50 €

LES ÉDITIONS DE SAXE
13, rue Jules Verne
CS 40205 - 69630 Chaponost
www.edisaxe.com

Créations : Gabrielle ACQUAVIVA - Catherine BOUQUEREL
Brigitte DE VIILLEPOIX - Catherine GUIDICELLI - Helfie HAAS
Cécile MARTI - Rita PEIGNEAU - Karine THIBOULT - Sylvie TONNELIER
Coordinatrice de rédaction : Joëlle SIMON
Dessins : Céline CANTAT
Maquette : Joanna PERRAUDIN
Photos : Didier BARBECOT
Stylisme : Jennifer ROUSSET
Merci à 3B com pour les appareils à pompons POM-POM MAKER
de chez Clover
www.comptoir-occitan-mercerie.fr

ENVI 007 - ISBN : 978-2-7565-2179-4
ISSN : 2263-3677
Achèvement du tirage : novembre 2013
Dépôt légal : à parution
Imprimé en Slovénie